世界遺産シリーズ

世界遺産ガイド

—カリブ海地域編—

【目　次】

■ユネスコ世界遺産の概要　5～45

　□ユネスコとは　6
　□世界遺産とは　6
　□ユネスコ世界遺産が準拠する国際条約　6
　□世界遺産条約の成立の経緯とその後の展開　7
　□世界遺産条約の理念と目的　8
　□世界遺産条約の主要規定　8
　□世界遺産条約の事務局と役割　9
　□世界遺産条約の締約国（193の国と地域）と
　　世界遺産の数（167の国と地域1092物件）　9～15
　□世界遺産条約締約国総会の開催歴　15
　□世界遺産委員会　15
　□世界遺産委員会委員国　16
　□世界遺産委員会の開催歴　18
　□世界遺産の種類　19
　□ユネスコ世界遺産の登録要件　21
　□ユネスコ世界遺産の登録基準　21
　□ユネスコ世界遺産に登録されるまでの手順　22
　□世界遺産暫定リスト　22
　□危機にさらされている世界遺産（★【危機遺産】　54物件）　23
　□危機にさらされている世界遺産リストへの登録基準　23
　□監視強化メカニズム　24
　□世界遺産リストからの登録抹消　24
　□世界遺産基金　25
　□ユネスコ文化遺産保存日本信託基金　26
　□日本の世界遺産条約の締結とその後の世界遺産登録　27
　□日本のユネスコ世界遺産　30
　□日本の世界遺産暫定リスト記載物件　31
　□ユネスコ世界遺産の今後の課題　31
　□ユネスコ世界遺産を通じての総合学習　32
　□今後の世界遺産委員会等の開催スケジュール　33
　□世界遺産条約の将来　33

■カリブ海地域の国々　51～73

　□キューバ　54～55
　□ジャマイカ　56～57
　□ドミニカ共和国　58～59
　□トリニダード・トバコ　60～61
　□バルバドス　62～63
　□セントルシア　64～65
　□ハイチ　66～67
　□アンティグア・バーブーダ　68～69
　□セントクリストファー・ネービス　70～71
　□ドミニカ国　72～73
　□バハマ　74～75

■カリブ海地域のユネスコ遺産　概説　75～79

　□カリブ海地域のユネスコ遺産の概況　76～77

■カリブ海地域の世界遺産　81～109

　□カリブ海地域の世界遺産の概況　82～85

　　□オールド・ハバナとその要塞システム(キューバ)　86～87
　　□サンティアゴ・デ・クーバ(キューバ)　88～89
　　□ヴィニャーレス渓谷(キューバ)　90～91
　　□デセンバルコ・デル・グランマ国立公園(キューバ)　92～93
　　□キューバ南東部の最初のコーヒー農園の考古学的景観(キューバ)　94～95
　　□ブルー・ジョン・クロウ山脈(ジャマイカ)　96～97
　　□シタデル、サン・スーシー、ラミエール国立歴史公園(ハイチ)　98～99
　　□サント・ドミンゴ(ドミニカ共和国)　100～101
　　□ブリムストンヒル要塞国立公園(セントキッツ・ネイヴィース)　102～103
　　□トワ・ピトン山国立公園(ドミニカ国)　104～105
　　□ブリッジタウンの歴史地区とその駐屯地(バルバドス)　106～107
　　□その他の世界遺産　108～109

　□世界遺産　キーワード　50

■カリブ海地域の世界無形文化遺産　111～123

　□カリブ海地域の世界文化遺産の概況　112～113

　　□キューバのルンバ、祝祭の音楽、ダンス、すべての(キューバ)　114～115
　　□ムーアの町のマルーン遺産(ジャマイカ)　116～117
　　□ヴィッラ・メラのコンゴの聖霊兄弟会の文化的空間(ドミニカ共和国)　118～119
　　□その他の世界無形文化遺産　120～121

　□世界無形文化遺産　キーワード　122

■カリブ海地域の世界の記憶　125～135

　□カリブ海地域の世界の記憶の概況　126～130

　　□『ホセ・マルティ・ペレス』の記録史料（キューバ）　132～133
　　□バルバドス発祥のアフリカの歌、或は、詠唱(バルバドス／英国)　134～135

　□世界の記憶　キーワード　131

■索　引　137～138

　□カリブ海地域のユネスコ遺産登録数ランキング　139

【表紙と裏表紙の写真】

（表）❶❷❸❹❺❻　（裏）❼

❶ オールド・ハバナとその要塞システム（キューバ）
❷ サント・ドミンゴの植民都市（ドミニカ共和国）
❸ ヴィニャーレス渓谷（キューバ）
❹ ブルー・ジョン・クロウ山脈（ジャマイカ）
❺ アンティグア海軍造船所と関連考古学遺跡群（アンティグア・バーブーダ）
❻ ブリッジタウンの歴史地区とその駐屯地（バルバドス）
❼ トワ・ピトン山国立公園（ドミニカ国）

シンクタンクせとうち総合研究機構

※世界遺産の登録基準

(i) 人類の創造的天才の傑作を表現するもの。　→人類の創造的天才の傑作

(ii) ある期間を通じて、または、ある文化圏において、建築、技術、記念碑的芸術、町並み計画、景観デザインの発展に関し、人類の価値の重要な交流を示すもの。　→人類の価値の重要な交流を示すもの

(iii) 現存する、または、消滅した文化的伝統、または、文明の、唯一の、または、少なくとも稀な証拠となるもの。
→文化的伝統、文明の稀な証拠

(iv) 人類の歴史上重要な時代を例証する、ある形式の建造物、建築物群、技術の集積、または、景観の顕著な例。
→歴史上、重要な時代を例証する優れた例

(v) 特に、回復困難な変化の影響下で損傷されやすい状態にある場合における、ある文化(または、複数の文化)或は、環境と人間との相互作用を代表する伝統的集落、または、土地利用の顕著な例。
→存続が危ぶまれている伝統的集落、土地利用の際立つ例

(vi) 顕著な普遍的な意義を有する出来事、現存する伝統、思想、信仰、または、芸術的、文学的作品と、直接に、または、明白に関連するもの。→普遍的出来事、伝統、思想、信仰、芸術、文学的作品と関連するもの

(vii) もっともすばらしい自然的現象、または、ひときわすぐれた自然美をもつ地域、及び、美的な重要性を含むもの。→自然景観

(viii) 地球の歴史上の主要な段階を示す顕著な見本であるもの。これには、生物の記録、地形の発達における重要な地学的進行過程、或は、重要な地形的、または、自然地理的特性などが含まれる。
→地形・地質

(ix) 陸上、淡水、沿岸、及び、海洋生態系と動植物群集の進化と発達において、進行しつつある重要な生態学的、生物学的プロセスを示す顕著な見本であるもの。→生態系

(x) 生物多様性の本来的保全にとって、もっとも重要かつ意義深い自然生息地を含んでいるもの。これには、科学上、または、保全上の観点から、すぐれて普遍的価値をもつ絶滅の恐れのある種が存在するものを含む。
→生物多様性

ユネスコ世界遺産の概要

第42回世界遺産委員会マナーマ会議
リッツ・カールトン・ホテルの敷地内に設営されたユネスコ村での会議の様子
写真：古田陽久

1 ユネスコとは

ユネスコ(UNESCO＝United Nations Educational, Scientific and Cultural Organization)は、国連の教育、科学、文化分野の専門機関。人類の知的、倫理的連帯感の上に築かれた恒久平和を実現するために1946年11月4日に設立された。その活動領域は、教育、自然科学、人文・社会科学、文化、それに、コミュニケーション・情報。ユネスコ加盟国は、現在195か国、準加盟地域10。ユネスコ本部はフランスのパリにあり、世界各地に55か所の地域事務所がある。2016-2017年度通常予算(2年分)667百万米ドル。主要国分担率は、米国(22%:未払い)、日本(9.679%)、中国(7.920%)、ドイツ(6.389%)、フランス(4.859%)。事務局長は、オードレイ・アズレー氏・(Audrey Azoulay フランス前文化通信大臣)。

＊1972年パリ生まれ、パリ政治学院、フランス国立行政学院(ENA)、パリ大学に学ぶ。フランス国立映画センター(CNC)、大統領官邸文化広報顧問等重要な役職を務め、フランスの国際放送の立ち上げや公共放送の改革などに取り組みなど文化行政にかかわり、文化通信大臣を務める。2017年3月のイタリアのフィレンツェでの第1回G7文化大臣会合での文化遺産保護(特に武力紛争下における保護)の重要性および「国民間の対話の手段としての文化」に関する会合における「共同宣言」への署名などに主要な役割を果たし、2017年11月、イリーナ・ボコヴァ氏に続く女性としては二人目、フランス出身のユネスコ事務局長は1962～1974年まで務めたマウ氏に続いて2人目のユネスコ事務局長に就任。

＜ユネスコの歴代事務局長＞

	出身国	在任期間
1. ジュリアン・ハクスリー	イギリス	1946年12月～1948年12月
2. ハイメ・トレス・ボデー	メキシコ	1948年12月～1952年12月
(代理)ジョン・W・テイラー	アメリカ	1952年12月～1953年 7月
3. ルーサー・H・エバンス	アメリカ	1953年 7月～1958年12月
4. ヴィットリーノ・ヴェロネーゼ	イタリア	1958年12月～1961年11月
5. ルネ・マウ	フランス	1961年11月～1974年11月
6. アマドゥ・マハタール・ムボウ	セネガル	1974年11月～1987年11月
7. フェデリコ・マヨール	スペイン	1987年11月～1999年11月
8. 松浦晃一郎	日本	1999年11月～2009年11月
9. イリーナ・ボコヴァ	ブルガリア	2009年11月～2017年11月
10. オードレイ・アズレー	フランス	2017年11月～現在

ユネスコの事務局長選挙は、58か国で構成する執行委員会が実施し、過半数である30か国の支持を得た候補者が当選する。投票は当選者が出るまで連日行われ、決着がつかない場合は上位2人が決選投票で勝敗を決める。
ユネスコ総会での信任投票を経て、就任する。任期は4年。

2 世界遺産とは

世界遺産(World Heritage)とは、世界遺産条約に基づきユネスコの世界遺産リストに登録されている世界的に「顕著な普遍的価値」(Outstanding Universal Value)を有する遺跡、建造物群、モニュメントなどの文化遺産、それに、自然景観、地形・地質、生態系、生物多様性などの自然遺産など国家や民族を超えて未来世代に引き継いでいくべき人類共通のかけがえのない自然と文化の遺産をいう。

3 ユネスコ世界遺産が準拠する国際条約

世界の文化遺産及び自然遺産の保護に関する条約 (通称:世界遺産条約)
(Convention for the Protection of the World Cultural and Natural Heritage)
＜1972年11月開催の第17回ユネスコ総会で採択＞

＊ユネスコの世界遺産に関する基本的な考え方は、世界遺産条約にすべて反映されているが、この世界遺産条約を円滑に履行していくためのガイドライン(Operational Guidelines for the Implementation of the World Heritage Convention)を設け、その中で世界遺産リストの登録基準、或は、危機にさらされている世界遺産リストの登録基準や世界遺産基金の運用などについて細かく定めている。

4 世界遺産条約の成立の経緯とその後の展開

1872年	アメリカ合衆国が、世界で最初の国立公園法を制定。イエローストーンが世界最初の国立公園になる。
1948年	IUCN（国際自然保護連合）が発足。
1954年	ハーグで「軍事紛争における文化財の保護のための条約」を採択。
1959年	アスワン・ハイ・ダムの建設（1970年完成）でナセル湖に水没する危機にさらされたエジプトのヌビア遺跡群の救済を目的としたユネスコの国際的キャンペーン。文化遺産保護に関する条約の草案づくりを開始。
〃	ICCROM（文化財保存修復研究国際センター）が発足。
1962年	IUCN第1回世界公園会議、アメリカのシアトルで開催、「国連保護地域リスト」（United Nations List of Protected Areas）の整備。
1960年代半ば	アメリカ合衆国や国連環境会議などを中心にした自然遺産保護に関する条約の模索と検討。
1964年	ヴェネツィア憲章採択。
1965年	ICOMOS（国際記念物遺跡会議）が発足。
1965年	米国ホワイトハウス国際協力市民会議「世界遺産トラスト」（World Heritage Trust）の提案。
1966年	スイス・ルッツェルンでの第9回IUCN・国際自然保護連合の総会において、世界的な価値のある自然地域の保護のための基金の創設について議論。
1967年	アムステルダムで開催された国際会議で、アメリカ合衆国が自然遺産と文化遺産を総合的に保全するための「世界遺産トラスト」を設立することを提唱。
1970年	「文化財の不正な輸入、輸出、および所有権の移転を禁止、防止する手段に関する条約」を採択。
1971年	ニクソン大統領、1972年のイエローストーン国立公園100周年を記念し、「世界遺産トラスト」を提案（ニクソン政権に関するメッセージ）、この後、IUCN（国際自然保護連合）とユネスコが世界遺産の概念を具体化するべく世界遺産条約の草案を作成。
〃	ユネスコとICOMOS（国際記念物遺跡会議）による「普遍的価値を持つ記念物、建造物群、遺跡の保護に関する条約案」提示。
1972年	ユネスコはアメリカの提案を受けて、自然・文化の両遺産を統合するための専門家会議を開催、これを受けて両草案はひとつにまとめられた。
〃	ストックホルムで開催された国連人間環境会議で条約の草案報告。
〃	パリで開催された第17回ユネスコ総会において採択。
1975年	世界の文化遺産及び自然遺産の保護に関する条約発効。
1977年	第1回世界遺産委員会がパリにて開催される。
1978年	第2回世界遺産委員会がワシントンにて開催される。イエローストーン、メサ・ヴェルデ、ナハニ国立公園、ランゾーメドーズ国立歴史公園、ガラパゴス諸島、キト、アーヘン大聖堂、ヴィエリチカ塩坑、クラクフの歴史地区、シミエン国立公園、ラリベラの岩の教会、ゴレ島の12物件が初の世界遺産として登録される。（自然遺産4　文化遺産8）
1989年	日本政府、日本信託基金をユネスコに設置。
1992年	ユネスコ事務局長、ユネスコ世界遺産センターを設立。
1996年	IUCN第1回世界自然保護会議、カナダのモントリオールで開催。
2000年	ケアンズ・デシジョンを採択。
2002年	国連文化遺産年。
〃	ブダペスト宣言採択。
〃	世界遺産条約採択30周年。
2004年	蘇州デシジョンを採択。
2006年	無形遺産の保護に関する条約が発効。

〃	ユネスコ創設60周年。
2007年	文化的表現の多様性の保護および促進に関する条約が発効。
2009年	水中文化遺産保護に関する条約が発効。
2011年	第18回世界遺産条約締約国総会で「世界遺産条約履行の為の戦略的行動計画 2012〜2022」を決議。
2012年	世界遺産条約採択40周年記念行事 　　　メイン・テーマ「世界遺産と持続可能な発展：地域社会の役割」
2015年	平和の大切さを再認識する為の「世界遺産に関するボン宣言」を採択。
2016年10月24〜26日	第40回世界遺産委員会イスタンブール会議は、不測の事態で3日間中断、未審議となっていた登録範囲の拡大など境界変更の申請、オペレーショナル・ガイドラインズの改訂など懸案事項の審議を、パリのユネスコ本部で再開。
2017年	世界遺産条約締約国数　193か国（8月現在）
2017年10月5〜6日	ドイツのハンザ都市リューベックで第3回ヨーロッパ世界遺産協会の会議。
2018年9月10日	「モスル精神の復活：モスル市の復興の為の国際会議」をユネスコ本部で開催。
2020年6月〜7月	第44回世界遺産委員会から、新登録に関わる登録推薦件数は1国1件、審査件数の上限は35になる。
2022年	世界遺産条約採択50周年
2030年	持続可能な開発目標（SDGs）17ゴール

5 世界遺産条約の理念と目的

「顕著な普遍的価値」（Outstanding Universal Value）を有する自然遺産および文化遺産を人類全体のための世界遺産として、破壊、損傷等の脅威から保護・保存することが重要であるとの観点から、国際的な協力および援助の体制を確立することを目的としている。

6 世界遺産条約の主要規定

- 保護の対象は、遺跡、建造物群、記念工作物、自然の地域等で普遍的価値を有するもの（第1〜3条）。
- 締約国は、自国内に存在する遺産を保護する義務を認識し、最善を尽くす（第4条）。
  また、自国内に存在する遺産については、保護に協力することが国際社会全体の義務であることを認識する（第6条）。
- 「世界遺産委員会」（委員国は締約国から選出）の設置（第8条）。「世界遺産委員会」は、各締約国が推薦する候補物件を審査し、その結果に基づいて「世界遺産リスト」、また、大規模災害、武力紛争、各種開発事業、それに、自然環境の悪化などの事由で、極度な危機にさらされ緊急の救済措置が必要とされる物件は「危機にさらされている世界遺産リスト」を作成する。（第11条）。
- 締約国からの要請に基づき、「世界遺産リスト」に登録された物件の保護のための国際的援助の供与を決定する。同委員会の決定は、出席しかつ投票する委員国の2/3以上の多数による議決で行う（第13条）。
- 締約国の分担金（ユネスコ分担金の1%を超えない額）、および任意拠出金、その他の寄付金等を財源とする、「世界遺産」のための「世界遺産基金」を設立（第15条、第16条）。
- 「世界遺産委員会」が供与する国際的援助は、調査・研究、専門家派遣、研修、機材供与、資金協力等の形をとる（第22条）。
- 締約国は、自国民が「世界遺産」を評価し尊重することを強化するための教育・広報活動に努める（第27条）。

7 世界遺産条約の事務局と役割

ユネスコ世界遺産センター（UNESCO World Heritage Centre）
　所長：メヒティルト・ロスラー氏（Dr. Mechtild Rössler　2015年9月～
　　　　（専門分野　文化・自然遺産、計画史、文化地理学、地球科学など
　　　　1991年からユネスコに奉職、1992年からユネスコ世界遺産センター、
　　　　2003年から副所長を経て現職、文化局・文化遺産部長兼務　ドイツ出身）
7 place de Fontenoy　75352 Paris 07 SP France　☎33-1-45681889　Fax 33-1-45685570
電子メール：wh-info@unesco.org　インターネット：http://www.unesco.org/whc

ユネスコ世界遺産センターは1992年にユネスコ事務局長によって設立され、ユネスコの組織では、現在、文化セクターに属している。スタッフ数、組織、主な役割と仕事は、次の通り。

＜スタッフ数＞　約60名

＜組織＞
　自然遺産課、政策、法制整備課、促進・広報・教育課、アフリカ課、アラブ諸国課、
　アジア・太平洋課、ヨーロッパ課、ラテンアメリカ・カリブ課、世界遺産センター事務部

＜主な役割と仕事＞
- 世界遺産ビューロー会議と世界遺産委員会の運営
- 締結国に世界遺産を推薦する準備のためのアドバイス
- 技術的な支援の管理
- 危機にさらされた世界遺産への緊急支援
- 世界遺産基金の運営
- 技術セミナーやワークショップの開催
- 世界遺産リストやデータベースの作成
- 世界遺産の理念を広報するための教育教材の開発。

＜ユネスコ世界遺産センターの歴代所長＞

	出身国	在任期間
●バーン・フォン・ドロステ（Bernd von Droste）	ドイツ	1992年～1999年
●ムニール・ブシュナキ（Mounir Bouchenaki）	アルジェリア	1999年～2000年
●フランチェスコ・バンダリン（Francesco Bandarin）	イタリア	2000年9月～2010年
●キショール・ラオ（Kishore Rao）	インド	2011年3月～2015年8月
●メヒティルト・ロスラー（Mechtild Rossler）	ドイツ	2015年9月～

8 世界遺産条約の締約国（193の国と地域）と世界遺産の数（167の国と地域　1092物件）

2018年11月現在、167の国と地域1092件（**自然遺産** 209件、**文化遺産** 845件、**複合遺産** 38件）が、このリストに記載されている。また、大規模災害、武力紛争、各種開発事業、それに、自然環境の悪化などの事由で、極度な危機にさらされ緊急の救済措置が必要とされる物件は「**危機にさらされている世界遺産リスト**」（略称 危機遺産リスト 本書では、★【危機遺産】と表示）に登録され、2018年8月現在、54件(34の国と地域)が登録されている。

＜地域別・世界遺産条約締約日順＞　※地域分類は、ユネスコ世界遺産センターの分類に準拠。

<アフリカ>締約国（46か国） ※国名の前の番号は、世界遺産条約の締約順。

国　名	世界遺産条約締約日	自然遺産	文化遺産	複合遺産	合計	【うち危機遺産】
8 コンゴ民主共和国	1974年 9月23日 批准 (R)	5	0	0	5	(5)
9 ナイジェリア	1974年10月23日 批准 (R)	0	2	0	2	(0)
10 ニジェール	1974年12月23日 受諾 (Ac)	2*35	1	0	3	(1)
16 ガーナ	1975年 7月 4日 批准 (R)	0	2	0	2	(0)
21 セネガル	1976年 2月13日 批准 (R)	2	5*18	0	7	(1)
27 マリ	1977年 4月 5日 受諾 (Ac)	0	3	1	4	(3)
30 エチオピア	1977年 7月 6日 批准 (R)	1	8	0	9	(0)
31 タンザニア	1977年 8月 2日 批准 (R)	3	3	1	7	(1)
44 ギニア	1979年 3月18日 批准 (R)	1*2	0	0	1	(1)
51 セイシェル	1980年 4月 9日 受諾 (Ac)	2	0	0	2	(0)
55 中央アフリカ	1980年12月22日 批准 (R)	2*26	0	0	2	(1)
56 コートジボワール	1981年 1月 9日 批准 (R)	3*2	1	0	4	(1)
61 マラウイ	1982年 1月 5日 批准 (R)	1	1	0	2	(0)
64 ブルンディ	1982年 5月19日 批准 (R)	0	0	0	0	(0)
65 ベナン	1982年 6月14日 批准 (R)	1*35	1	0	2	(0)
66 ジンバブエ	1982年 8月16日 批准 (R)	2*1	3	0	5	(0)
68 モザンビーク	1982年11月27日 批准 (R)	0	1	0	1	(0)
69 カメルーン	1982年12月 7日 批准 (R)	2*26	0	0	2	(0)
74 マダガスカル	1983年 7月19日 批准 (R)	2	1	0	3	(1)
80 ザンビア	1984年 6月 4日 批准 (R)	1*1	0	0	1	(0)
90 ガボン	1986年12月30日 批准 (R)	0	0	1	1	(0)
93 ブルキナファソ	1987年 4月 2日 批准 (R)	1*35	1	0	2	(0)
94 ガンビア	1987年 7月 1日 批准 (R)	0	2*18	0	2	(0)
97 ウガンダ	1987年11月20日 受諾 (Ac)	2	1	0	3	(1)
98 コンゴ	1987年12月10日 批准 (R)	1*26	0	0	1	(0)
100 カーボヴェルデ	1988年 4月28日 受諾 (Ac)	0	1	0	1	(0)
115 ケニア	1991年 6月 5日 受諾 (Ac)	3	4	0	7	(0)
120 アンゴラ	1991年11月 7日 批准 (R)	0	1	0	1	(0)
143 モーリシャス	1995年 9月19日 批准 (R)	0	2	0	2	(0)
149 南アフリカ	1997年 7月10日 批准 (R)	4	5	1*28	10	(0)
152 トーゴ	1998年 4月15日 受諾 (Ac)	0	1	0	1	(0)
155 ボツワナ	1998年11月23日 受諾 (Ac)	1	1	0	2	(0)
156 チャド	1999年 6月23日 批准 (R)	1	0	1	2	(0)
158 ナミビア	2000年 4月 6日 受諾 (Ac)	1	1	0	2	(0)
160 コモロ	2000年 9月27日 批准 (R)	0	0	0	0	(0)
161 ルワンダ	2000年12月28日 受諾 (Ac)	0	0	0	0	(0)
167 エリトリア	2001年10月24日 受諾 (Ac)	0	1	0	1	(0)
168 リベリア	2002年 3月28日 受諾 (Ac)	0	0	0	0	(0)
177 レソト	2003年11月25日 受諾 (Ac)	0	0	1*28	1	(0)
179 シエラレオネ	2005年 1月 7日 批准 (R)	0	0	0	0	(0)
181 スワジランド	2005年11月30日 批准 (R)	0	0	0	0	(0)
182 ギニア・ビサウ	2006年 1月28日 批准 (R)	0	0	0	0	(0)
184 サントメ・プリンシペ	2006年 7月25日 批准 (R)	0	0	0	0	(0)
185 ジブチ	2007年 8月30日 批准 (R)	0	0	0	0	(0)
187 赤道ギニア	2010年 3月10日 批准 (R)	0	0	0	0	(0)
192 南スーダン	2016年 3月 9日 批准 (R)	0	0	0	0	(0)
合計	35か国	38	52	5	95	(15)

ユネスコ世界遺産の概要

| | | （　）内は複数国にまたがる物件 | (4) | (1) | (1) | (6) | (1) |

＜アラブ諸国＞締約国（19の国と地域）　※国名の前の番号は、世界遺産条約の締約順。

国名	世界遺産条約締約日	自然遺産	文化遺産	複合遺産	合計	【うち危機遺産】
2　エジプト	1974年 2月 7日 批准 (R)	1	6	0	7	(1)
3　イラク	1974年 3月 5日 受諾 (Ac)	0	4	1	5	(3)
5　スーダン	1974年 6月 6日 批准 (R)	1	2	0	3	(0)
6　アルジェリア	1974年 6月24日 批准 (R)	0	6	1	7	(0)
12　チュニジア	1975年 3月10日 批准 (R)	1	7	0	8	(0)
13　ヨルダン	1975年 5月 5日 批准 (R)	0	5	1	6	(1)
17　シリア	1975年 8月13日 受諾 (Ac)	0	6	0	6	(6)
20　モロッコ	1975年10月28日 批准 (R)	0	9	0	9	(0)
38　サウジアラビア	1978年 8月 7日 受諾 (Ac)	0	5	0	5	(0)
40　リビア	1978年10月13日 批准 (R)	0	5	0	5	(5)
54　イエメン	1980年10月 7日 批准 (R)	1	3	0	4	(3)
57　モーリタニア	1981年 3月 2日 批准 (R)	1	1	0	2	(0)
60　オマーン	1981年10月 6日 受諾 (Ac)	0	5	0	5	(0)
70　レバノン	1983年 2月 3日 批准 (R)	0	5	0	5	(0)
81　カタール	1984年 9月12日 受諾 (Ac)	0	1	0	1	(0)
114　バーレーン	1991年 5月28日 批准 (R)	0	2	0	2	(0)
163　アラブ首長国連邦	2001年 5月11日 加入 (A)	0	1	0	1	(0)
171　クウェート	2002年 6月 6日 批准 (R)	0	0	0	0	(0)
189　パレスチナ	2011年12月 8日 批准 (R)	0	3	0	3	(3)
合計	18の国と地域	5	76	3	84	(22)

＜アジア・太平洋＞締約国（44か国）　※国名の前の番号は、世界遺産条約の締約順。

国名	世界遺産条約締約日	自然遺産	文化遺産	複合遺産	合計	【うち危機遺産】
7　オーストラリア	1974年 8月22日 批准 (R)	12	3	4	19	(0)
11　イラン	1975年 2月26日 受諾 (Ac)	1	22	0	23	(0)
24　パキスタン	1976年 7月23日 批准 (R)	0	6	0	6	(0)
34　インド	1977年11月14日 批准 (R)	8	28*⑬	1	37	(0)
36　ネパール	1978年 6月20日 受諾 (Ac)	2	2	0	4	(0)
45　アフガニスタン	1979年 3月20日 批准 (R)	0	2	0	2	(2)
52　スリランカ	1980年 6月 6日 受諾 (Ac)	2	6	0	8	(0)
75　バングラデシュ	1983年 8月 3日 受諾 (Ac)	1	2	0	3	(0)
82　ニュージーランド	1984年11月22日 批准 (R)	2	0	1	3	(0)
86　フィリピン	1985年 9月19日 批准 (R)	3	3	0	6	(0)
87　中国	1985年12月12日 批准 (R)	13	36*㊿	4	53	(0)
88　モルジブ	1986年 5月22日 受諾 (Ac)	0	0	0	0	(0)
92　ラオス	1987年 3月20日 批准 (R)	0	2	0	2	(0)
95　タイ	1987年 9月17日 受諾 (Ac)	2	3	0	5	(0)
96　ヴェトナム	1987年10月19日 受諾 (Ac)	2	5	1	8	(0)
101　韓国	1988年 9月14日 受諾 (Ac)	1	12	0	13	(0)
105　マレーシア	1988年12月 7日 批准 (R)	2	2	0	4	(0)
107　インドネシア	1989年 7月 6日 受諾 (Ac)	4	4	0	8	(1)
109　モンゴル	1990年 2月 2日 受諾 (Ac)	2*⑬㊲	3	0	5	(0)
113　フィジー	1990年11月21日 批准 (R)	0	1	0	1	(0)
121　カンボジア	1991年11月28日 批准 (R)	0	3	0	3	(0)
123　ソロモン諸島	1992年 6月10日 加入 (A)	1	0	0	1	(1)
124　日本	1992年 6月30日 受諾 (Ac)	4	18*⑬	0	22	(0)

世界遺産ガイド－カリブ海地域編－

ユネスコ世界遺産の概要

番号	国名	世界遺産条約締約日		自然遺産	文化遺産	複合遺産	合計	【うち危機遺産】
127	タジキスタン	1992年 8月28日	承継の通告(S)	1	1	0	2	(0)
131	ウズベキスタン	1993年 1月13日	承継の通告(S)	1*[32]	4	0	5	(1)
137	ミャンマー	1994年 4月29日	受諾(Ac)	0	1	0	1	(0)
138	カザフスタン	1994年 4月29日	受諾(Ac)	2*[32]	3*[30]	0	5	(0)
139	トルクメニスタン	1994年 9月30日	承継の通告(S)	0	3	0	3	(0)
142	キルギス	1995年 7月 3日	受諾(Ac)	1*[32]	2*[30]	0	3	(0)
150	パプア・ニューギニア	1997年 7月28日	受諾(Ac)	0	1	0	1	(0)
153	朝鮮民主主義人民共和国	1998年 7月21日	受諾(Ac)	0	2	0	2	(0)
159	キリバス	2000年 5月12日	受諾(Ac)	1	0	0	1	(0)
162	ニウエ	2001年 1月23日	受諾(Ac)	0	0	0	0	(0)
164	サモア	2001年 8月28日	受諾(Ac)	0	0	0	0	(0)
166	ブータン	2001年10月22日	批准(R)	0	0	0	0	(0)
170	マーシャル諸島	2002年 4月24日	受諾(Ac)	0	1	0	1	(0)
172	パラオ	2002年 6月11日	受諾(Ac)	0	0	1	1	(0)
173	ヴァヌアツ	2002年 6月13日	批准(R)	0	1	0	1	(0)
174	ミクロネシア連邦	2002年 7月22日	受諾(Ac)	0	1	0	1	(1)
178	トンガ	2004年 4月30日	受諾(Ac)	0	0	0	0	(0)
186	クック諸島	2009年 1月16日	批准(R)	0	0	0	0	(0)
188	ブルネイ	2011年 8月12日	批准(R)	0	0	0	0	(0)
190	シンガポール	2012年 6月19日	批准(R)	0	1	0	1	(0)
193	東ティモール	2016年10月31日	批准(R)	0	0	0	0	(0)
	合計	36か国		65	182	12	259	(6)
		( )内は複数国にまたがる物件		(3)	(2)		(5)	

＜ヨーロッパ・北米＞締約国（51か国） ※国名の前の番号は、世界遺産条約の締約順。

番号	国名	世界遺産条約締約日		自然遺産	文化遺産	複合遺産	合計	【うち危機遺産】
1	アメリカ合衆国	1973年12月 7日	批准(R)	12*[6][7]	10	1	23	(1)
4	ブルガリア	1974年 3月 7日	受諾(Ac)	3*[20]	7	0	10	(0)
15	フランス	1975年 6月27日	受諾(Ac)	4	39*[15][25][33]	1*[10]	44	(0)
18	キプロス	1975年 8月14日	受諾(Ac)	0	3	0	3	(0)
19	スイス	1975年 9月17日	批准(R)	3*[23]	9*[21][25][33]	0	12	(0)
22	ポーランド	1976年 6月29日	批准(R)	1*[3]	14*[14][29]	0	15	(0)
23	カナダ	1976年 7月23日	受諾(Ac)	10*[6][7]	8	1	19	(0)
25	ドイツ	1976年 8月23日	批准(R)	3*[20][22]	41*[14][16][25][33]	0	44	(0)
28	ノルウェー	1977年 5月12日	批准(R)	1	7*[17]	0	8	(0)
37	イタリア	1978年 6月23日	批准(R)	5*[20][23]	49*[5][21][25][36]	0	54	(0)
41	モナコ	1978年11月 7日	批准(R)	0	0	0	0	(0)
42	マルタ	1978年11月14日	受諾(Ac)	0	3	0	3	(0)
47	デンマーク	1979年 7月25日	批准(R)	3*[22]	7	0	10	(0)
53	ポルトガル	1980年 9月30日	批准(R)	1	14*[24]	0	15	(0)
59	ギリシャ	1981年 7月17日	批准(R)	0	16	2	18	(0)
63	スペイン	1982年 5月 4日	受諾(Ac)	4*[20]	41*[24][27]	2*[10]	47	(0)
67	ヴァチカン	1982年10月 7日	加入(A)	0	2*[5]	0	2	(0)
71	トルコ	1983年 3月16日	批准(R)	0	16	2	18	(0)
76	ルクセンブルク	1983年 9月28日	批准(R)	0	1	0	1	(0)
79	英国	1984年 5月29日	批准(R)	4	26*[16]	1	31	(1)
83	スウェーデン	1985年 1月22日	批准(R)	1*[19]	13*[17]	1	15	(0)
85	ハンガリー	1985年 7月15日	受諾(Ac)	1*[4]	7*[17]	0	8	(0)
91	フィンランド	1987年 3月 4日	批准(R)	1*[19]	6*[17]	0	7	(0)

12　シンクタンクせとうち総合研究機構

世界遺産ガイド－カリブ海地域編－

ユネスコ世界遺産の概要

	国名	世界遺産条約締約日		自然遺産	文化遺産	複合遺産	合計	【うち危機遺産】
102	ベラルーシ	1988年10月12日	批准 (R)	1*[3]	3*[17]	0	4	(0)
103	ロシア連邦	1988年10月12日	批准 (R)	11*[13]	17*[11][17]	0	28	(0)
104	ウクライナ	1988年10月12日	批准 (R)	1*[20]	5*[17][29]	0	6	(0)
108	アルバニア	1989年 7月10日	批准 (R)	1*[20]	2	0	3	(0)
110	ルーマニア	1990年 5月16日	受諾 (Ac)	2*[20]	6	0	8	(0)
116	アイルランド	1991年 9月16日	批准 (R)	0	2	0	2	(0)
119	サン・マリノ	1991年10月18日	批准 (R)	0	1	0	1	(0)
122	リトアニア	1992年 3月31日	受諾 (Ac)	0	4*[11][17]	0	4	(0)
125	クロアチア	1992年 7月 6日	承継の通告(S)	2*[20]	8*[34][36]	0	10	(0)
126	オランダ	1992年 8月26日	受諾 (Ac)	1*[22]	9	0	10	(0)
128	ジョージア	1992年11月 4日	承継の通告(S)	0	3	0	3	(0)
129	スロヴェニア	1992年11月 5日	承継の通告(S)	2*[20]	2*[25][27]	0	4	(0)
130	オーストリア	1992年12月18日	批准 (R)	1*[20]	9*[12][25]	0	10	(1)
132	チェコ	1993年 3月26日	承継の通告(S)	0	12	0	12	(0)
133	スロヴァキア	1993年 3月31日	承継の通告(S)	2*[4][20]	5	0	7	(0)
134	ボスニア・ヘルツェゴヴィナ	1993年 7月12日	承継の通告(S)	0	3*[34]	0	3	(0)
135	アルメニア	1993年 9月 5日	承継の通告(S)	0	3	0	3	(0)
136	アゼルバイジャン	1993年12月16日	批准 (R)	0	2	0	2	(0)
140	ラトヴィア	1995年 1月10日	受諾 (Ac)	0	2*[17]	0	2	(0)
144	エストニア	1995年10月27日	批准 (R)	0	2*[17]	0	2	(0)
145	アイスランド	1995年12月19日	批准 (R)	1	1	0	2	(0)
146	ベルギー	1996年 7月24日	批准 (R)	1*[20]	12*[15][33]	0	13	(0)
147	アンドラ	1997年 1月 3日	受諾 (Ac)	0	1	0	1	(0)
148	マケドニア・旧ユーゴスラビア	1997年 4月30日	承継の通告(S)	0	0	1	1	(0)
157	イスラエル	1999年10月 6日	受諾 (Ac)	0	9	0	9	(0)
165	セルビア	2001年 9月11日	承継の通告(S)	0	5*[34]	0	5	(1)
175	モルドヴァ	2002年 9月23日	批准 (R)	0	1*[17]	0	1	(0)
183	モンテネグロ	2006年 6月 3日	承継の通告(S)	1	3*[34][36]	0	4	(0)
	合計	50か国		65	440	11	516	(4)
		( )内は複数国にまたがる物件		(10)	(15)	(1)	(26)	

<ラテンアメリカ・カリブ>締約国（33か国） ※国名の前の番号は、世界遺産条約の締約順。

	国名	世界遺産条約締約日		自然遺産	文化遺産	複合遺産	合計	【うち危機遺産】
14	エクアドル	1975年 6月16日	受諾 (Ac)	2	3*[31]	0	5	(0)
26	ボリヴィア	1976年10月 4日	批准 (R)	1	6*[31]	0	7	(1)
29	ガイアナ	1977年 6月20日	受諾 (Ac)	0	0	0	0	(0)
32	コスタリカ	1977年 8月23日	批准 (R)	3*[8]	1	0	4	(0)
33	ブラジル	1977年 9月 1日	受諾 (Ac)	7	14*[9]	0	21	(0)
35	パナマ	1978年 3月 3日	批准 (R)	3*[8]	2	0	5	(0)
39	アルゼンチン	1978年 8月23日	受諾 (Ac)	5	6*[9][31][33]	0	11	(0)
43	グアテマラ	1979年 1月16日	批准 (R)	0	2	1	3	(0)
46	ホンジュラス	1979年 6月 8日	批准 (R)	1	1	0	2	(0)
48	ニカラグア	1979年12月17日	受諾 (Ac)	0	2	0	2	(0)
49	ハイチ	1980年 1月18日	批准 (R)	0	1	0	1	(0)
50	チリ	1980年 2月20日	批准 (R)	0	6*[31]	0	6	(1)
58	キューバ	1981年 3月24日	批准 (R)	2	7	0	9	(0)
62	ペルー	1982年 2月24日	批准 (R)	2	8*[31]	2	12	(1)
72	コロンビア	1983年 5月24日	受諾 (Ac)	2	6*[31]	1	9	(0)
73	ジャマイカ	1983年 6月14日	受諾 (Ac)	0	0	1	1	(0)

シンクタンクせとうち総合研究機構

ユネスコ世界遺産の概要

番号	国名	日付	手続	自然遺産	文化遺産	複合遺産	合計	【うち危機遺産】
77	アンチグア・バーブーダ	1983年11月 1日	受諾 (Ac)	0	1	0	1	(0)
78	メキシコ	1984年 2月23日	受諾 (Ac)	6	27	2	35	(0)
84	ドミニカ共和国	1985年 2月12日	批准 (R)	0	1	0	1	(0)
89	セントクリストファー・ネービス	1986年 7月10日	受諾 (Ac)	0	1	0	1	(0)
99	パラグアイ	1988年 4月27日	批准 (R)	0	1	0	1	(0)
106	ウルグアイ	1989年 3月 9日	受諾 (Ac)	0	2	0	2	(0)
111	ヴェネズエラ	1990年10月30日	受諾 (Ac)	1	2	0	3	(1)
112	ベリーズ	1990年11月 6日	批准 (R)	1	0	0	1	(1)
117	エルサルバドル	1991年10月 8日	受諾 (Ac)	0	1	0	1	(0)
118	セントルシア	1991年10月14日	批准 (R)	1	0	0	1	(0)
141	ドミニカ国	1995年 4月 4日	批准 (R)	1	0	0	1	(0)
151	スリナム	1997年10月23日	受諾 (Ac)	1	1	0	2	(0)
154	グレナダ	1998年 8月13日	受諾 (Ac)	0	0	0	0	(0)
169	バルバドス	2002年 4月 9日	受諾 (Ac)	0	1	0	1	(0)
176	セント・ヴィンセントおよびグレナディーン諸島	2003年 2月 3日	批准 (R)	0	0	0	0	(0)
180	トリニダード・トバコ	2005年 2月16日	批准 (R)	0	0	0	0	(0)
191	バハマ	2014年 5月15日	批准 (R)	0	0	0	0	(0)
合計	28か国			38 (1)	97 (3)	7	142 (4)	(7)

( ) 内は複数国にまたがる物件

		自然遺産	文化遺産	複合遺産	合計	【うち危機遺産】
総合計	167の国と地域	209 (16)	845 (19)	38 (2)	1092 (37)	(54) (1)

( ) 内は、複数国にまたがる物件の数

(注)「批准」とは、いったん署名された条約を、署名した国がもち帰って再検討し、その条約に拘束されることについて、最終的に、かつ、正式に同意すること。批准された条約は、批准書を寄託者に送付することによって正式に効力をもつ。多国間条約の寄託者は、それぞれの条約で決められるが、世界遺産条約は、国連教育科学文化機関(ユネスコ)事務局長を寄託者としている。「批准」、「受諾」、「加入」のどの手続きをとる場合でも、「条約に拘束されることについての国の同意」としての効果は同じだが、手続きの複雑さが異なる。この条約の場合、「批准」、「受諾」は、ユネスコ加盟国がこの条約に拘束されることに同意する場合、「加入」は、ユネスコ非加盟国が同意する場合にそれぞれ用いる手続き。「批准」と他の2つの最大の違いは、わが国の場合、天皇による認証という手順を踏むこと。「受諾」、「承認」、「加入」の3つは、手続的には大きな違いはなく、基本的には寄託する文書の書式、タイトルが違うだけである。

(注) ＊複数国にまたがる世界遺産

①	モシ・オア・トゥニャ（ヴィクトリア瀑布）	自然遺産	ザンビア、ジンバブエ	
②	ニンバ山厳正自然保護区	自然遺産	ギニア、コートジボワール	★【危機遺産】
③	ビャウォヴィエジャ森林	自然遺産	ベラルーシ、ポーランド	
④	アグテレック・カルストとスロヴァキア・カルストの鍾乳洞群	自然遺産	ハンガリー、スロヴァキア	
⑤	ローマ歴史地区、教皇領とサンパオロ・フォーリ・レ・ムーラ大聖堂	文化遺産	イタリア、ヴァチカン	
⑥	クルエーン／ランゲル－セントエライアス／グレーシャーベイ／タッシェンシニ・アルセク	自然遺産	カナダ、アメリカ合衆国	
⑦	ウォータートン・グレーシャー国際平和自然公園	自然遺産	カナダ、アメリカ合衆国	
⑧	タラマンカ地方＝ラ・アミスター保護区群／ラ・アミスター国立公園	自然遺産	コスタリカ、パナマ	
⑨	グアラニー人のイエズス会伝道所	文化遺産	アルゼンチン、ブラジル	
⑩	ピレネー地方－ペルデュー山	複合遺産	フランス、スペイン	
⑪	クルシュ砂州	文化遺産	リトアニア、ロシア連邦	
⑫	フェルトゥー・ノイジィードラーゼーの文化的景観	文化遺産	オーストリア、ハンガリー	
⑬	ウフス・ヌール盆地	自然遺産	モンゴル、ロシア連邦	
⑭	ムスカウ公園／ムザコフスキー公園	文化遺産	ドイツ、ポーランド	

⑮ベルギーとフランスの鐘楼群	文化遺産	ベルギー、フランス	
⑯ローマ帝国の国境界線	文化遺産	英国、ドイツ	
⑰シュトルーヴェの測地弧	文化遺産	ノルウェー、スウェーデン、フィンランド、エストニア、ラトヴィア、リトアニア、ロシア連邦、ベラルーシ、ウクライナ、モルドヴァ	
⑱セネガンビアの環状列石群	文化遺産	ガンビア、セネガル	
⑲ハイ・コースト/クヴァルケン群島	自然遺産	スウェーデン、フィンランド	
⑳カルパチア山脈とヨーロッパの他の地域の原生ブナ林群	自然遺産	ウクライナ、スロヴァキア、ドイツ、アルバニア、オーストリア、ベルギー、ブルガリア、クロアチア、イタリア、ルーマニア、スロヴェニア、スペイン	
㉑レーティシェ鉄道アルブラ線とベルニナ線の景観群	文化遺産	イタリア、スイス	
㉒ワッデン海	自然遺産	ドイツ、オランダ	
㉓モン・サン・ジョルジオ	自然遺産	イタリア、スイス	
㉔コア渓谷とシエガ・ヴェルデの先史時代の岩壁画	文化遺産	ポルトガル、スペイン	
㉕アルプス山脈周辺の先史時代の杭上住居群	文化遺産	スイス、オーストリア、フランス、ドイツ、イタリア、スロヴェニア	
㉖サンガ川の三か国流域	自然遺産	コンゴ、カメルーン、中央アフリカ	
㉗水銀の遺産、アルマデン鉱山とイドリャ鉱山	文化遺産	スペイン、スロヴェニア	
㉘マロティ-ドラケンスバーグ公園	複合遺産	南アフリカ、レソト	
㉙ポーランドとウクライナのカルパチア地方の木造教会群	文化遺産	ポーランド、ウクライナ	
㉚シルクロード:長安・天山回廊の道路網	文化遺産	カザフスタン、キルギス、中国	
㉛カパック・ニャン、アンデス山脈の道路網	文化遺産	コロンビア、エクアドル、ペルー、ボリビア、チリ、アルゼンチン	
㉜西天山	自然遺産	カザフスタン、キルギス、ウズベキスタン	
㉝ル・コルビュジエの建築作品-近代化運動への顕著な貢献	文化遺産	フランス、スイス、ベルギー、ドイツ、インド、日本、アルゼンチン	
㉞ステチェツィの中世の墓碑群	文化遺産	ボスニア・ヘルツェゴヴィナ、クロアチア、セルビア、モンテネグロ	
㉟W・アルリ・ペンジャリ国立公園遺産群	自然遺産	ニジェール、ベナン、ブルキナファソ	
㊱16~17世紀のヴェネツィアの防衛施設群:スタート・ダ・テーラ-西スタート・ダ・マール	文化遺産	イタリア、クロアチア、モンテネグロ	
㊲ダウリアの景観群	自然遺産	モンゴル、ロシア連邦	

⑨ 世界遺産条約締約国総会の開催歴

回次	開催都市（国名）	開催期間
第1回	ナイロビ（ケニア）	1976年11月26日
第2回	パリ（フランス）	1978年11月24日
第3回	ベオグラード（ユーゴスラヴィア）	1980年10月 7日
第4回	パリ（フランス）	1983年10月28日
第5回	ソフィア（ブルガリア）	1985年11月 4日
第6回	パリ（フランス）	1987年10月30日
第7回	パリ（フランス）	1989年11月 9日~11月13日
第8回	パリ（フランス）	1991年11月 2日
第9回	パリ（フランス）	1993年10月29日~10月30日
第10回	パリ（フランス）	1995年11月 2日~11月 3日
第11回	パリ（フランス）	1997年10月27日~10月28日

第12回	パリ（フランス）	1999年10月28日〜10月29日
第13回	パリ（フランス）	2001年11月 6日〜11月 7日
第14回	パリ（フランス）	2003年10月14日〜10月15日
第15回	パリ（フランス）	2005年10月10日〜10月11日
第16回	パリ（フランス）	2007年10月24日〜10月25日
第17回	パリ（フランス）	2009年10月23日〜10月28日
第18回	パリ（フランス）	2011年11月 7日〜11月 8日
第19回	パリ（フランス）	2013年11月19日〜11月21日
第20回	パリ（フランス）	2015年11月18日〜11月20日
第21回	パリ（フランス）	2017年11月14日〜11月15日

臨　時
第1回　パリ（フランス）　　　　　　　2014年11月13日〜11月14日

⑩ 世界遺産委員会

　世界遺産条約第8条に基づいて設置された政府間委員会で、「世界遺産リスト」と「危機にさらされている世界遺産リスト」の作成、リストに登録された遺産の保全状態のモニター、世界遺産基金の効果的な運用の検討などを行う。

　（世界遺産委員会における主要議題）

- 定期報告（6年毎の地域別の世界遺産の状況、フォローアップ等）
- 「危険にさらされている世界遺産リスト」に登録されている物件のその後の改善状況の報告、「世界遺産リスト」に登録されている物件のうちリアクティブ・モニタリングに基づく報告
- 「世界遺産リスト」および「危険にさらされている世界遺産リスト」への登録物件の審議
  【新登録関係の世界遺産委員会の4つの決議区分】
  ① 登録（記載）（Inscription）　　世界遺産リストに登録（記載）するもの。
  ② 情報照会（Referral）　追加情報の提出を求めた上で、次回以降の世界遺産委員会で再審議するもの。
  ③ 登録（記載）延期（Deferral）　より綿密な調査や登録推薦書類の抜本的な改定が必要なもの。登録推薦書類を再提出した後、約1年半をかけて再度、専門機関のIUCNやICOMOSの審査を受ける必要がある。
  ④ 不登録（不記載）（Decision not to inscribe）　登録（記載）にふさわしくないもの。例外的な場合を除いては、再度の登録推薦は不可。
- 「世界遺産基金」予算の承認　と国際援助要請の審議
- グローバル戦略や世界遺産戦略の目標等の審議

⑪ 世界遺産委員会委員国

　世界遺産委員会委員国は、世界遺産条約締結国の中から、世界の異なる地域および文化が均等に代表される様に選ばれた、21か国によって構成される。任期は原則6年であるが、4年に短縮できる。2年毎に開かれる世界遺産条約締約国総会で改選される。世界遺産委員会ビューローは、毎年、世界遺産委員会によって選出された7か国（◎議長国 1、○副議長国 5、□ラポルチュール（報告担当国）1）によって構成される。2019年5月現在の世界遺産委員会の委員国は、下記の通り。

　オーストラリア、バーレーン、ボスニア・ヘルツェゴヴィナ、ブラジル、中国、グアテマラ、

ハンガリー、キルギス、ノルウェー、セントキッツ・ネイヴィース、スペイン、ウガンダ
(任期 第41回ユネスコ総会の会期終了＜2021年11月頃＞まで)

アンゴラ、アゼルバイジャン、ブルキナファソ、キューバ、インドネシア、クウェート、
チュニジア、タンザニア、ジンバブエ
(任期 第40回ユネスコ総会の会期終了＜2019年11月頃＞まで)

＜第43回世界遺産委員会＞
- ◎ 議長国　アゼルバイジャン
    - 議長：アブルファス・ガライェフ（H.E. Mr. Abulfaz Garayev）
- ○ 副議長国　ノルウェー、ブラジル、インドネシア、ブルキナファソ、チュニジア
- □ ラポルチュール(報告担当国)　オーストラリア　マハニ・テイラー（Ms. Mahani Taylor）

＜第42回世界遺産委員会＞
- ◎ 議長国　バーレーン
    - 議長：シャイハ・ハヤ・ラシード・アル・ハリーファ氏(Sheikha Haya Rashed Al Khalifa)
    - 国際法律家
- ○ 副議長国　アゼルバイジャン、ブラジル、中国、スペイン、ジンバブエ
- □ ラポルチュール(報告担当国)　ハンガリー　アンナ・E.ツァイヒナー（Ms.Anna E. Zeichner）

＜第41回世界遺産委員会ビューロー＞
- ◎ 議長国　ポーランド
    - 議長：ヤツェク・プルフラ氏（Pro. Jacek Purchla）
        - クラクフ国際文化センター所長、ポーランド・ユネスコ国内委員会会長
- ○ 副議長国　アンゴラ、クウェート、ペルー、ポルトガル、韓国
- □ ラポルチュール(報告担当国)　タンザニア　ムハマド・ジュマ氏（Mr Muhammad Juma）

＜第40回世界遺産委員会ビューロー＞
- ◎ 議長国　トルコ
    - 議長：ラーレ・ウルケル氏（Ms Lale Ülkerr）トルコ外務省海外広報・文化局長
- ○ 副議長国　レバノン、ペルー、フィリピン、ポーランド、タンザニア
- □ ラポルチュール(報告担当国)　韓国　チョ・ユジン女史（Mrs Eugene JO）

＜第39回世界遺産委員会ビューロー＞
- ◎ 議長国　ドイツ
    - 議長：マリア・ベーマー 氏（ Maria Boehmer）
        - Minister of State of the German Foreign Office
- ○ 副議長国　クロアチア 、インド、ジャマイカ、カタール、セネガル
- □ ラポルチュール(報告担当国)　レバノン　（ Mr.Hichan Cheaib氏）

＜第38回世界遺産委員会ビューロー＞
- ◎ 議長国　カタール
    - 議長：マル・マサヤ・ビント・ハマド・ビン・アル・サーニ閣下夫人
        - （ H.E.Sheika Al Mayasa Bint Hamad Al.Thani）カタール美術館局理事長
- ○ 副議長国　アルジェリア 、コロンビア、日本、ドイツ、セネガル
- □ ラポルチュール(報告担当国)　フランシスコ・J・グティエレス氏　（コロンビア）

⑫ 世界遺産委員会の開催歴

<u>通 常</u>

回　次	開催都市（国名）	開催期間	登録物件数
第1回	パリ（フランス）	1977年 6月27日～ 7月 1日	0
第2回	ワシントン（アメリカ合衆国）	1978年 9月 5日～ 9月 8日	12
第3回	ルクソール（エジプト）	1979年10月22日～10月26日	45
第4回	パリ（フランス）	1980年 9月 1日～ 9月 5日	28
第5回	シドニー（オーストラリア）	1981年10月26日～10月30日	26
第6回	パリ（フランス）	1982年12月13日～12月17日	24
第7回	フィレンツェ（イタリア）	1983年12月 5日～12月 9日	29
第8回	ブエノスアイレス（アルゼンチン）	1984年10月29日～11月 2日	23
第9回	パリ（フランス）	1985年12月 2日～12月 6日	30
第10回	パリ（フランス）	1986年11月24日～11月28日	31
第11回	パリ（フランス）	1987年12月 7日～12月11日	41
第12回	ブラジリア（ブラジル）	1988年12月 5日～12月 9日	27
第13回	パリ（フランス）	1989年12月11日～12月15日	7
第14回	バンフ（カナダ）	1990年12月 7日～12月12日	17
第15回	カルタゴ（チュニジア）	1991年12月 9日～12月13日	22
第16回	サンタ・フェ（アメリカ合衆国）	1992年12月 7日～12月14日	20
第17回	カルタヘナ（コロンビア）	1993年12月 6日～12月11日	33
第18回	プーケット（タイ）	1994年12月12日～12月17日	29
第19回	ベルリン（ドイツ）	1995年12月 4日～12月 9日	29
第20回	メリダ（メキシコ）	1996年12月 2日～12月 7日	37
第21回	ナポリ（イタリア）	1997年12月 1日～12月 6日	46
第22回	京都（日本）	1998年11月30日～12月 5日	30
第23回	マラケシュ（モロッコ）	1999年11月29日～12月 4日	48
第24回	ケアンズ（オーストラリア）	2000年11月27日～12月 2日	61
第25回	ヘルシンキ（フィンランド）	2001年12月11日～12月16日	31
第26回	ブダペスト（ハンガリー）	2002年 6月24日～ 6月29日	9
第27回	パリ（フランス）	2003年 6月30日～ 7月 5日	24
第28回	蘇州（中国）	2004年 6月28日～ 7月 7日	34
第29回	ダーバン（南アフリカ）	2005年 7月10日～ 7月18日	24
第30回	ヴィリニュス（リトアニア）	2006年 7月 8日～ 7月16日	18
第31回	クライスト・チャーチ(ニュージーランド)	2007年 6月23日～ 7月 2日	22
第32回	ケベック（カナダ）	2008年 7月 2日～ 7月10日	27
第33回	セビリア（スペイン）	2009年 6月22日～ 6月30日	13
第34回	ブラジリア（ブラジル）	2010年 7月25日～ 8月 3日	21
第35回	パリ（フランス）	2011年 6月19日～ 6月29日	25
第36回	サンクトペテルブルク（ロシア連邦）	2012年 6月24日～ 7月 6日	26
第37回	プノンペン（カンボジア）	2013年 6月16日～ 6月27日	19
第38回	ドーハ（カタール）	2014年 6月15日～ 6月25日	26
第39回	ボン（ドイツ）	2015年 6月28日～ 7月 8日	24
第40回	イスタンブール（トルコ）	2016年 7月10日～ 7月17日＊	21
〃	パリ（フランス）	2016年10月24日～10月26日＊	
第41回	クラクフ（ポーランド）	2017年 7月 2日～ 7月12日	21
第42回	マナーマ（バーレーン）	2018年 6月24日～ 7月 4日	19
第43回	バクー（アゼルバイジャン）	2019年 6月30日～ 7月10日	X

（注）当初登録された物件が、その後隣国を含めた登録地域の拡大・延長などで、新しい物件として統合・再登録された物件等を含む。
＊トルコでの不測の事態により、当初の会期を3日間短縮、10月にフランスのパリで審議継続した。

臨時			
回次	開催都市（国名）	開催期間	登録物件数
第1回	パリ（フランス）	1981年 9月10日〜 9月11日	1
第2回	パリ（フランス）	1997年10月29日	
第3回	パリ（フランス）	1999年 7月12日	
第4回	パリ（フランス）	1999年10月30日	
第5回	パリ（フランス）	2001年 9月12日	
第6回	パリ（フランス）	2003年 3月17日〜 3月22日	
第7回	パリ（フランス）	2004年12月 6日〜12月11日	
第8回	パリ（フランス）	2007年10月24日	
第9回	パリ（フランス）	2010年 6月14日	
第10回	パリ（フランス）	2011年11月 9日	

13 世界遺産の種類

世界遺産には、自然遺産、文化遺産、複合遺産の3種類に分類される。

□自然遺産（Natural Heritage）

自然遺産とは、無生物、生物の生成物、または、生成物群からなる特徴のある自然の地域で、鑑賞上、または、学術上、「顕著な普遍的価値」（Outstanding Universal Value）を有するもの、そして、地質学的、または、地形学的な形成物および脅威にさらされている動物、または、植物の種の生息地、または、自生地として区域が明確に定められている地域で、学術上、保存上、または、景観上、「顕著な普遍的価値」を有するものと定義することが出来る。

地球上の顕著な普遍的価値をもつ自然景観、地形・地質、生態系、生物多様性などを有する自然遺産の数は、**2019年5月現在、209物件。**

大地溝帯のケニアの湖水システム(ケニア)、セレンゲティ国立公園(タンザニア)、キリマンジャロ国立公園(タンザニア)、モシ・オア・トゥニャ〈ヴィクトリア瀑布〉(ザンビア／ジンバブエ)、サガルマータ国立公園(ネパール)、スマトラの熱帯雨林遺産(インドネシア)、屋久島(日本)、白神山地(日本)、知床(日本)、小笠原諸島(日本)、グレート・バリア・リーフ(オーストラリア)、スイス・アルプス ユングフラウ・アレッチ(スイス)、イルリサート・アイスフィヨルド(デンマーク)、バイカル湖（ロシア連邦）、カナディアン・ロッキー山脈公園(カナダ)、グランド・キャニオン国立公園(アメリカ合衆国)、エバーグレーズ国立公園(アメリカ合衆国)、レヴィジャヒヘド諸島(メキシコ)、ガラパゴス諸島(エクアドル)、イグアス国立公園(ブラジル／アルゼンチン)などがその代表的な物件。

□文化遺産（Cultural Heritage）

文化遺産とは、歴史上、芸術上、または、学術上、「顕著な普遍的価値」（Outstanding Universal Value）を有する記念物、建築物群、記念的意義を有する彫刻および絵画、考古学的な性質の物件および構造物、金石文、洞穴居ならびにこれらの物件の組合せで、歴史的、芸術上、または、学術上、「顕著な普遍的価値」を有するものをいう。

遺跡（Sites）とは、自然と結合したものを含む人工の所産および考古学的遺跡を含む区域で、歴史上、芸術上、民族学上、または、人類学上、「顕著な普遍的価値」を有するものをいう。

建造物群（Groups of buildings）とは、独立し、または、連続した建造物の群で、その建築様式、均質性、または、景観内の位置の為に、歴史上、芸術上、または、学術上、「顕著な普遍的価値」を有するものをいう。

モニュメント（Monuments）とは、建築物、記念的意義を有する彫刻および絵画、考古学的な性質の物件および構造物、金石文、洞穴居ならびにこれらの物件の組合せで、歴史的、芸術上、または、学術上、「顕著な普遍的価値」を有するものをいう。

人類の英知と人間活動の所産を様々な形で語り続ける顕著な普遍的価値をもつ遺跡、建造物群、モニュメントなどの文化遺産の数は、2019年5月現在、845物件。

モンバサのジーザス要塞(ケニア)、メンフィスとそのネクロポリス／ギザからダハシュールまでのピラミッド地帯(エジプト)、ペルセポリス(イラン)、サマルカンド(ウズベキスタン)、タージ・マハル(インド)、アンコール(カンボジア)、万里の長城(中国)、高句麗古墳群(北朝鮮)、古都京都の文化財(日本)、厳島神社(日本)、白川郷と五箇山の合掌造り集落(日本)、アテネのアクロポリス(ギリシャ)、ローマ歴史地区(イタリア)、ヴェルサイユ宮殿と庭園(フランス)、アルタミラ洞窟(スペイン)、ストーンヘンジ(英国)、ライン川上中流域の渓谷(ドイツ)、プラハの歴史地区(チェコ)、アウシュヴィッツ強制収容所(ポーランド)、クレムリンと赤の広場(ロシア連邦)、自由の女神像(アメリカ合衆国)、テオティワカン古代都市(メキシコ)、クスコ市街(ペルー)、ブラジリア(ブラジル)、ウマワカの渓谷(アルゼンチン) などがその代表的な物件。

文化遺産の中で、**文化的景観**（Cultural Landscapes）という概念に含まれる物件がある。文化的景観とは、「人間と自然環境との共同作品」とも言える景観。文化遺産と自然遺産との中間的な存在で、現在は文化遺産の分類に含まれており、次の三つのカテゴリーに分類することができる。

1) 庭園、公園など人間によって意図的に設計され創造されたと明らかに定義できる景観
2) 棚田など農林水産業などの産業と関連した有機的に進化する景観で、次の2つのサブ・カテゴリーに分けられる。
   ①残存する(或は化石)景観（a relict (or fossil) landscape）
   ②継続中の景観（continuing landscape）
3) 聖山など自然的要素が強い宗教、芸術、文化などの事象と関連する文化的景観

コンソ族の文化的景観(エチオピア)、アハサー・オアシス、進化する文化的景観（サウジアラビア)、オルホン渓谷の文化的景観(モンゴル)、杭州西湖の文化的景観(中国)、紀伊山地の霊場と参詣道(日本)、石見銀山遺跡とその文化的景観(日本)、フィリピンのコルディリェラ山脈の棚田(フィリピン)、シンクヴェトリル国立公園(アイスランド)、シントラの文化的景観(ポルトガル)、ザルツカンマーグート地方のハルシュタットとダッハシュタインの文化的景観(オーストリア)、トカイ・ワイン地方の歴史的・文化的景観(ハンガリー)、ペルガモンとその多層的な文化的景観(トルコ)、ヴィニャーレス渓谷(キューバ)、パンプーリャ湖近代建築群(ブラジル) などがこの範疇に入る。

□**複合遺産**（Cultural and Natural Heritage）

自然遺産と文化遺産の両方の要件を満たしている物件が**複合遺産**で、最初から複合遺産として登録される場合と、はじめに、自然遺産、あるいは、文化遺産として登録され、その後、もう一方の遺産としても評価されて複合遺産となる場合がある。

世界遺産条約の本旨である自然と文化との結びつきを代表する複合遺産の数は、2019年5月現在、38物件。

ワディ・ラム保護区 (ヨルダン)、カンチェンジュンガ国立公園 (インド)、泰山 (中国)、チャンアン景観遺産群 (ヴェトナム)、ウルル・カタジュタ国立公園 (オーストラリア)、トンガリロ国立公園 (ニュージーランド)、ギョレメ国立公園とカッパドキア (トルコ)、メテオラ (ギリシャ)、ピレネー地方-ペルデュー山 (フランス／スペイン)、ティカル国立公園 (グアテマラ)、マチュ・ピチュの歴史保護区 (ペルー) などが代表的な物件

14 ユネスコ世界遺産の登録要件

　ユネスコ世界遺産の登録要件は、世界的に顕著な普遍的価値（outstanding universal value）を有することが前提であり、世界遺産委員会が定めた世界遺産の登録基準（クライテリア）の一つ以上を完全に満たしている必要がある。また、世界遺産としての価値を将来にわたって継承していく為の保護管理措置が担保されていることが必要である。

15 ユネスコ世界遺産の登録基準

　世界遺産委員会が定める世界遺産の登録基準（クライテリア）が設けられており、このうちの一つ以上の基準を完全に満たしていることが必要。

(i)　人類の創造的天才の傑作を表現するもの。→人類の創造的天才の傑作

(ii)　ある期間を通じて、または、ある文化圏において、建築、技術、記念碑的芸術、町並み計画、景観デザインの発展に関し、人類の価値の重要な交流を示すもの。→人類の価値の重要な交流を示すもの

(iii)　現存する、または、消滅した文化的伝統、または、文明の、唯一の、または、少なくとも稀な証拠となるもの。→文化的伝統、文明の稀な証拠

(iv)　人類の歴史上、重要な時代を例証する、ある形式の建造物、建築物群、技術の集積、または、景観の顕著な例。→歴史上、重要な時代を例証する優れた例

(v)　特に、回復困難な変化の影響下で損傷されやすい状態にある場合における、ある文化（または、複数の文化）或は、環境と人間との相互作用を代表する伝統的集落、または、土地利用の顕著な例。→存続が危ぶまれている伝統的集落、土地利用の際立つ例

(vi)　顕著な普遍的な意義を有する出来事、現存する伝統、思想、信仰、または、芸術的、文学的作品と、直接に、または、明白に関連するもの。→普遍的出来事、伝統、思想、信仰、芸術、文学的作品と関連するもの

(vii)　もっともすばらしい自然的現象、または、ひときわすぐれた自然美をもつ地域、及び、美的な重要性を含むもの。→自然景観

(viii)　地球の歴史上の主要な段階を示す顕著な見本であるもの。これには、生物の記録、地形の発達における重要な地学的進行過程、或は、重要な地形的、または、自然地理的特性などが含まれる。→地形・地質

(ix)　陸上、淡水、沿岸、及び、海洋生態系と動植物群集の進化と発達において、進行しつつある重要な生態学的、生物学的プロセスを示す顕著な見本であるもの。→生態系

(x)　生物多様性の本来的保全にとって、もっとも重要かつ意義深い自然生息地を含んでいるもの。これには、科学上、または、保全上の観点から、すぐれて普遍的価値をもつ絶滅の恐れのある種が存在するものを含む。→生物多様性

（注）→は、わかりやすい覚え方として、当シンクタンクが言い換えたものである。

16 ユネスコ世界遺産に登録されるまでの手順

　世界遺産リストへの登録物件の推薦は、個人や団体ではなく、世界遺産条約を締結した各国政府が行う。日本では、文化遺産は文化庁、自然遺産は環境省と林野庁が中心となって決定している。
　ユネスコの「世界遺産リスト」に登録されるプロセスは、政府が暫定リストに基づいて、パリに事務局がある世界遺産委員会に推薦し、自然遺産については、**IUCN**（国際自然保護連合）、文化遺産については、**ICOMOS**（イコモス　国際記念物遺跡会議）の専門的な評価報告書や**ICCROM**（イクロム　文化財保存修復研究国際センター）の助言などに基づいて審議され、世界遺産リストへの登録の可否が決定される。

　IUCN（The World Conservation Union　国際自然保護連合、以前は、自然及び天然資源の保全に関する国際同盟＜International Union for Conservation of Nature and Natural Resources＞）は、国連環境計画（UNEP）、ユネスコ（UNESCO）などの国連機関や世界自然保護基金（WWF）などの協力の下に、野生生物の保護、自然環境及び自然資源の保全に係わる調査研究、発展途上地域への支援などを行っているほか、絶滅のおそれのある世界の野生生物を網羅したレッド・リスト等を定期的に刊行している。
　世界遺産との関係では、IUCNは、世界遺産委員会への諮問機関としての役割を果たしている。自然保護や野生生物保護の専門家のワールド・ワイドなネットワークを通じて、自然遺産に推薦された物件が世界遺産にふさわしいかどうかの専門的な評価、既に世界遺産に登録されている物件の保全状態のモニタリング（監視）、締約国によって提出された国際援助要請の審査、人材育成活動への支援などを行っている。

　ICOMOS（International Council of Monuments and Sites　国際記念物遺跡会議）は、本部をフランス、パリに置く国際的な非政府組織（NGO）である。1965年に設立され、建築遺産及び考古学的遺産の保全のための理論、方法論、そして、科学技術の応用を推進することを目的としている。1964年に制定された「記念建造物および遺跡の保全と修復のための国際憲章」（ヴェネチア憲章）に示された原則を基盤として活動している。
　世界遺産条約に関するICOMOSの役割は、「世界遺産リスト」への登録推薦物件の審査＜現地調査（夏～秋）、イコモスパネル（11月末～12月初）、中間報告（1月中）＞、文化遺産の保存状況の監視、世界遺産条約締約国から提出された国際援助要請の審査、人材育成への助言及び支援などである。

【新登録候補物件の評価結果についての世界遺産委員会への4つの勧告区分】

① 登録（記載）勧告　　　　　　　　　　　　　世界遺産としての価値を認め、世界遺産リストへの
　（Recommendation for Inscription）　　　　登録（記載）を勧める。
② 情報照会勧告　　　　　　　　　　　　　　　世界遺産としての価値は認めるが、追加情報の提出を求
　（Recommendation for Referral）　　　　　めた上で、次回以降の世界遺産委員会での審議を勧める。
③ 登録（記載）延期勧告　　　　　　　　　　　より綿密な調査や登録推薦書類の抜本的な改定が必要
　（Recommendation for Deferral）　　　　　なもの。登録推薦書類を再提出した後、約1年半をかけて、
　　　　　　　　　　　　　　　　　　　　　　再度、専門機関のIUCNやICOMOSの審査を受けること
　　　　　　　　　　　　　　　　　　　　　　を勧める。
④ 不登録（不記載）勧告　　　　　　　　　　　登録（記載）にふさわしくないもの。
　（Not recommendation for Inscription）　例外的な場合を除いて再推薦は不可とする。

　ICCROM（International Centre for the Study of the Preservation and Restoration of Cultural Property 文化財保存及び修復の研究のための国際センター）は、本部をイタリア、ローマにおく国際的な政府間機関（IGO）である。ユネスコによって1956年に設立され、不動産・動産の文化遺産の保全強化を目的とした研究、記録、技術支援、研修、普及啓発を行うことを目的としている。
　世界遺産条約に関するICCROMの役割は、文化遺産に関する研修において主導的な協力機関であること、文化遺産の保存状況の監視、世界遺産条約締約国から提出された国際援助要請の審査、人材育成への助言及び支援などである。

17 世界遺産暫定リスト

　世界遺産暫定リストとは、各世界遺産条約締約国が「世界遺産リスト」へ登録することがふさわしいと考える、自国の領域内に存在する物件の目録である。

従って、世界遺産条約締約国は、各自の世界遺産暫定リストに、将来、登録推薦を行う意思のある物件の名称を示す必要がある。

2019年5月現在、世界遺産暫定リストに登録されている物件は、1732物件（178か国）であり、世界遺産暫定リストを、まだ作成していない国は、作成が必要である。また、追加や削除など、世界遺産暫定リストの定期的な見直しが必要である。

⑱ 危機にさらされている世界遺産（略称　危機遺産　★【危機遺産】　54物件）

ユネスコの「危機にさらされている世界遺産リスト」には、2019年5月現在、34の国と地域にわたって自然遺産が16物件、文化遺産が38物件の合計54物件が登録されている。地域別に見ると、アフリカが16物件、アラブ諸国が22物件、アジア・太平洋地域が6物件、ヨーロッパ・北米が4物件、ラテンアメリカ・カリブが6物件となっている。

危機遺産になった理由としては、地震などの自然災害によるもの、民族紛争などの人為災害によるものなど多様である。世界遺産は、今、イスラム国などによる攻撃、破壊、盗難の危機にさらされている。こうした危機から回避していく為には、戦争や紛争のない平和な社会を築いていかなければならない。それに、開発と保全のあり方も多角的な視点から見つめ直していかなければならない。

「危機遺産リスト」に登録されても、その後改善措置が講じられ、危機的状況から脱した場合は、「危機遺産リスト」から解除される。一方、一旦解除されても、再び危機にさらされた場合には、再度、「危機遺産リスト」に登録される。一向に改善の見込みがない場合には、「世界遺産リスト」そのものからの登録抹消もありうる。

⑲ 危機にさらされている世界遺産リストへの登録基準

世界遺産委員会が定める危機にさらされている世界遺産リスト（List of the World Heritage in Danger）への登録基準は、以下の通りで、いずれか一つに該当する場合に登録される。

〔自然遺産の場合〕

(1) 確認危険　遺産が特定の確認された差し迫った危険に直面している、例えば、

- a. 法的に遺産保護が定められた根拠となった顕著で普遍的な価値をもつ種で、絶滅の危機にさらされている種やその他の種の個体数が、病気などの自然要因、或は、密猟・密漁などの人為的要因などによって著しく低下している
- b. 人間の定住、遺産の大部分が氾濫するような貯水池の建設、産業開発や、農薬や肥料の使用を含む農業の発展、大規模な公共事業、採掘、汚染、森林伐採、燃料材の採取などによって、遺産の自然美や学術的価値が重大な損壊を被っている
- c. 境界や上流地域への人間の侵入により、遺産の完全性が脅かされる

(2) 潜在危険　遺産固有の特徴に有害な影響を与えかねない脅威に直面している、例えば、

- a. 指定地域の法的な保護状態の変化
- b. 遺産内か、或は、遺産に影響が及ぶような場所における再移住計画、或は、開発事業
- c. 武力紛争の勃発、或は、その恐れ
- d. 保護管理計画が欠如しているか、不適切か、或は、十分に実施されていない

〔文化遺産の場合〕

(1) **確認危険**　遺産が特定の確認された差し迫った危険に直面している、例えば、
   a. 材質の重大な損壊
   b. 構造、或は、装飾的な特徴の重大な損壊
   c. 建築、或は、都市計画の統一性の重大な損壊
   d. 都市、或は、地方の空間、或は、自然環境の重大な損壊
   e. 歴史的な真正性の重大な喪失
   f. 文化的な意義の大きな喪失

(2) **潜在危険**　遺産固有の特徴に有害な影響を与えかねない脅威に直面している、例えば、
   a. 保護の度合いを弱めるような遺産の法的地位の変化
   b. 保護政策の欠如
   c. 地域開発計画による脅威的な影響
   d. 都市開発計画による脅威的な影響
   e. 武力紛争の勃発、或は、その恐れ
   f. 地質、気象、その他の環境的な要因による漸進的変化

20 監視強化メカニズム

監視強化メカニズム（Reinforced Monitoring Mechanism略称：RMM）とは、2007年4月に開催されたユネスコの第176回理事会で採択された「世界遺産条約の枠組みの中で、世界遺産委員会の決議の適切な履行を確保する為のメカニズムを世界遺産委員会で提案すること」の事務局長への要請を受け、2007年の第31回世界遺産委員会で採択された新しい監視強化メカニズムのことである。RMMの目的は、「顕著な普遍的価値」の喪失につながりかねない突発的、偶発的な原因や理由で、深刻な危機的状況に陥った現場に専門家を速やかに派遣、監視し、次の世界遺産委員会での決議を待つまでもなく可及的速やかな対応や緊急措置を講じられる仕組みである。

21 世界遺産リストからの登録抹消

ユネスコの世界遺産は、「世界遺産リスト」への登録後において、下記のいずれかに該当する場合、世界遺産委員会は、「世界遺産リスト」から登録抹消の手続きを行なうことが出来る。

1) 世界遺産登録を決定づけた物件の特徴が失われるほど物件の状態が悪化した場合。
2) 世界遺産の本来の特質が、登録推薦の時点で、既に、人間の行為によって脅かされており、かつ、その時点で世界遺産条約締約国によりまとめられた必要な改善措置が、予定された期間内に講じられなかった場合。

これまでの登録抹消の事例としては、下記の2つの事例がある。

- ●オマーン　　「アラビアン・オリックス保護区」
  　　　　　　（自然遺産　1994年世界遺産登録　2007年登録抹消）
  　　　　　＜理由＞油田開発の為、オペレーショナル・ガイドラインズに違反し世界遺産の登録
  　　　　　　　　　範囲を勝手に変更したことによる世界遺産登録時の完全性の喪失。
- ●ドイツ　　　「ドレスデンのエルベ渓谷」
  　　　　　　（文化遺産　2004年世界遺産登録　★【危機遺産】2006年登録　2009年登録抹消）
  　　　　　＜理由＞文化的景観の中心部での橋の建設による世界遺産登録時の完全性の喪失。

22 世界遺産基金

世界遺産基金とは、世界遺産の保護を目的とした基金で、2016～2017年(2年間)の予算案は、6,559,877US$。世界遺産条約が有効に機能している最大の理由は、この世界遺産基金を締約国に義務づけることにより世界遺産保護に関わる援助金を確保できることであり、その使途については、世界遺産委員会等で審議される。

日本は、世界遺産基金への分担金として、世界遺産条約締約後の1993年には、762,080US$(1992年/1993年分を含む)、その後、1994年 395,109US$、1995年 443,903US$、1996年 563,178US$、
1997年 571,108US$、 1998年 641,312US$、 1999年 677,834US$、 2000年 680,459US$、
2001年 598,804US$、 2002年 598,804US$、 2003年 598,804US$、 2004年 597,038US$、
2005年 597,038US$、 2006年 509,350US$、 2007年 509,350US$、 2008年 509,350US$、
2009年 509,350US$、 2010年 409,137US$、 2011年 409,137US$、 2012年 409,137US$、
2013年 353,730US$、 2014年 353,730US$、 2015年 353,730US$ 2016年 316,019US$
を拠出している。

(1) 世界遺産基金の財源

□世界遺産条約締約国に義務づけられた分担金(ユネスコに対する分担金の1%を上限とする額)
□各国政府の自主的拠出金、団体・機関(法人)や個人からの寄付金

(2017年予算案の分担金または任意拠出金の支払予定上位国)

❶米国*	718,300 US$	❷日本	316,019 US$	❸中国	258,588 US$
❹ドイツ	208,601 US$	❺英国	145,717 US$	❻フランス	158,646 US$
❼オーストラリア	76,303 US$	❽ブラジル	124,821 US$	❾イタリア	122,372 US$
❿ロシア連邦	100,823 US$	⓫カナダ	95,371 US$	⓬スペイン	79,764 US$
⓭韓国	66,573 US$	⓮オランダ	48,387 US$	⓯メキシコ	46,853 US$
⓰サウジアラビア	37,417 US$	⓱スイス	37,221 US$	⓲トルコ	33,238 US$
⓳スウェーデン	31,213 US$	⓴ベルギー	28,895 US$		

*2018年12月末脱退予定だが、これまでの滞納額は支払い義務あり。

世界遺産基金 (The World Heritage Fund／Fonds du Patrimoine Mondial)

- UNESCO account No. 949-1-191558　　　　　(US$)
  CHASE MANHATTAN BANK　4 Metrotech Center,Brooklyn,NewYork,NY 11245 USA
  SWIFT CODE:CHASUS33-ABA No.0210-0002-1
- UNESCO account No. 30003-03301-00037291180-53　　($ EU)
  Societe Generale　106 rue Saint-Dominique 75007 paris　FRANCE
  SWIFT CODE:SOGE FRPPAFS

(2) 世界遺産基金からの国際援助の種類と援助実績

①世界遺産登録の準備への援助 (Preparatory Assistance)

　　＜例示＞
　●マダガスカル　アンタナナリボのオートヴィル　　　　　　　　30,000 US$

②保全管理への援助（Conservation and Management Assistance）

＜例示＞
- ●ガーナ　　　　ガーナの砦と城塞　　　　　　　　　　　　　　　　　85,086 US＄
　　　　　　　　（1979年世界遺産登録）の管理計画策定の準備
- ●アルバニア　　ベラトとギロカストラ　　　　　　　　　　　　　　　30,460 US＄
　　　　　　　　（2005年／2008年世界遺産登録）の統合管理計画
- ●ミクロネシア　ナン・マドール：東ミクロネシアの祭祀センター　　　30,000 US＄
　　　　　　　　（2016年世界遺産登録／危機遺産登録）の雑草の駆除
- ●セネガル　　　ニオコロ・コバ国立公園　　　　　　　　　　　　　　29,674 US＄
　　　　　　　　（1981年世界遺産登録／2007年危機遺産登録）の管理計画の更新

③緊急援助（Emergency Assistance）

＜例示＞
- ●ガンビア　　　クンタ・キンテ島と関連遺跡群（2003年世界遺産登録）　5,025 US＄
　　　　　　　　のCFAOビルの屋根の復旧

23 ユネスコ文化遺産保存日本信託基金

ユネスコが日本政府の拠出金によって設置している日本信託基金には、次の様な基金がある。

○ユネスコ文化遺産保存信託基金（外務省所管）
○ユネスコ人的資源開発信託基金（外務省所管）
○ユネスコ青年交流信託基金（文部科学省所管）
○万人のための教育信託基金（文部科学省所管）
○持続可能な開発のための教育信託基金（文部科学省所管）
○ユネスコ地球規模の課題の解決のための科学事業信託基金（文部科学省所管）
○ユネスコ技術援助専門家派遣信託基金（文部科学省所管）
○エイズ教育特別信託基金（文部科学省所管）
○アジア太平洋地域教育協力信託基金（文部科学省所管）

これらのうち、ユネスコ文化遺産保存日本信託基金による主な実施中の案件は、次の通り。

- ●カンボジア「アンコール遺跡」　　　国際調整委員会等国際会議の開催　1990年～
　　　　　　　　　　　　　　　　　　保存修復事業等　1994年～
- ●ネパール「カトマンズ渓谷」　　　　ダルバール広場の文化遺産の復旧・復興　2015年～
- ●ネパール「ルンビニ遺跡」　　　　　建造物等保存措置、考古学調査、統合的マスタープラン
　　　　　　　　　　　　　　　　　　策定、管理プロセスのレビュー、専門家育成　2010年～
- ●ミャンマー「バガン遺跡」　　　　　遺跡保存水準の改善、人材養成　2014年～2016年
- ●アフガニスタン「バーミヤン遺跡」　壁画保存、マスタープランの策定、東大仏仏龕の固定、
　　　　　　　　　　　　　　　　　　西大仏龕奥壁の安定化　2003年～
- ●ボリヴィア「ティワナク遺跡」　　　管理計画の策定、人材育成（保存管理、発掘技術等）
　　　　　　　　　　　　　　　　　　2008年～
- ●カザフスタン、キルギス、タジキスタン、トルクメニスタン、ウズベキスタン
　「シルクロード世界遺産推薦　　　　遺跡におけるドキュメンテーション実地訓練・人材育成
　ドキュメンテーション支援」　　　　2010年～
- ●カーボヴェルデ、サントメ・プリンシペ、コモロ、モーリシャス、セーシェル、モルディブ、

ミクロネシア、クック諸島、ニウエ、トンガ、ツバル、ナウル、アンティグア・バーブーダ、バハマ、バルバドス、ベリーズ、キューバ、ドミニカ、グレナダ、ガイアナ、ジャマイカ、セントクリストファー・ネーヴィス、セントルシア、セントビンセント・グレナディーン、スリナム、トリニダード・トバゴ
「小島嶼開発途上国における世界遺産サイト保護支援」
　　　　　　　　　　　能力形成及び地域共同体の持続可能な開発の強化
　　　　　　　　　　　2011年〜2016年
- ウガンダ「カスビ王墓再建事業」　リスク管理及び火災防止、藁葺き技術調査、能力形成
　　　　　　　　　　　2013年〜
- グアテマラ「ティカル遺跡保存事業」　北アクロポリスの3Dデータの収集及び登録，人材育成
　　　　　　　　　　　2016年〜
- ブータン「南アジア文化的景観支援」　ワークショップの開催　2016年〜
- アルゼンチン、ボリビア、チリ、コロンビア、エクアドル、ペルー
「カパック・ニャン―アンデス道路網の保存支援事業」　モニタリングシステムの設置及び実施
　　　　　　　　　　　2016年〜
- セネガル「ゴレ島の護岸保護支援」　ゴレ島南沿岸の緊急対策措置（波止場の再建、世界遺産
　　　　　　　　　　　サイト管理サービスの設置等）　2016年〜
- アルジェリア「カスバの保護支援事業」　専門家会合の開催　2016年〜

24 日本の世界遺産条約の締結とその後の世界遺産登録

1992年 6月19日	世界遺産条約締結を国会で承認。
1992年 6月26日	受諾の閣議決定。
1992年 6月30日	受諾書寄託、125番目*の世界遺産条約締約国となる。
	*現在は、旧ユーゴスラヴィアの解体によって、締約国リスト上では、124番目になっている。
1992年 9月30日	わが国について発効。
1992年10月	ユネスコに、奈良の寺院・神社、姫路城、日光の社寺、鎌倉の寺院・神社、法隆寺の仏教建造物、厳島神社、彦根城、琉球王国の城・遺産群、白川郷の集落、京都の社寺、白神山地、屋久島の12件の暫定リストを提出。
1993年12月	第17回世界遺産委員会カルタヘナ会議から世界遺産委員会委員国（任期6年）世界遺産リストに「法隆寺地域の仏教建造物」、「姫路城」、「屋久島」、「白神山地」の4件が登録される。
1994年11月	「世界文化遺産奈良コンファレンス」を奈良市で開催。「オーセンティシティに関する奈良ドキュメント」を採択。
1994年12月	世界遺産リストに「古都京都の文化財（京都市、宇治市、大津市）」が登録される。
1995年 9月	ユネスコの暫定リストに原爆ドームを追加。
1995年12月	世界遺産リストに「白川郷・五箇山の合掌造り集落」が登録される。
1996年12月	世界遺産リストに「広島の平和記念碑（原爆ドーム）」、「厳島神社」の2件が登録される。
1998年11月30日〜12月 5日	第22回世界遺産委員会京都会議（議長：松浦晃一郎氏）
1998年12月	世界遺産リストに「古都奈良の文化財」が登録される。
1999年11月	松浦晃一郎氏が日本人として初めてユネスコ事務局長（第8代）に就任。
1999年12月	世界遺産リストに「日光の社寺」が登録される。
2000年5月18〜21日	世界自然遺産会議・屋久島2000
2000年12月	世界遺産リストに「琉球王国のグスク及び関連遺産群」が登録される。
2001年 4月 6日	ユネスコの暫定リストに「平泉の文化遺産」、「紀伊山地の霊場と参詣道」、

	「石見銀山遺跡」の3件を追加。
2001年 9月 5日～9月10日	アジア・太平洋地域における信仰の山の文化的景観に関する専門家会議を和歌山市で開催。
2002年 6月30日	世界遺産条約受諾10周年。
2003年12月	第27回世界遺産委員会マラケシュ会議から2回目の世界遺産委員会委員国(任期4年)
2004年 6月	文化財保護法の一部改正によって、新しい文化財保護の手法として「文化的景観」が新設され、「重要文化的景観」の選定がされるようになった。
2004年 7月	世界遺産リストに「紀伊山地の霊場と参詣道」が登録される。
2005年 7月	世界遺産リストに「知床」が登録される。
2005年10月15～17日	第2回世界自然遺産会議　白神山地会議
2007年 1月30日	ユネスコの暫定リストに「富岡製糸場と絹産業遺産群」、「小笠原諸島」、「長崎の教会群とキリスト教関連遺産」、「飛鳥・藤原-古代日本の宮都と遺跡群」、「富士山」の5件を追加。
2007年 7月	世界遺産リストに「石見銀山遺跡とその文化的景観」が登録される。
2007年 9月14日	ユネスコの暫定リストに「国立西洋美術館本館」を追加。
2008年 6月	第32回世界遺産委員会ケベック・シティ会議で、「平泉-浄土思想を基調とする文化的景観-」の世界遺産リストへの登録の可否が審議され、わが国の世界遺産登録史上初めての「登録延期」となる。2011年の登録実現をめざす。
2009年 1月 5日	ユネスコの暫定リストに「北海道・北東北を中心とした縄文遺跡群」、「九州・山口の近代化産業遺産群」、「宗像・沖ノ島と関連遺産群」の3件を追加。
2009年 6月	第33回世界遺産委員会セビリア会議で、「ル・コルビジュエの建築と都市計画」(構成資産のひとつが「国立西洋美術館本館」)の世界遺産リストへの登録の可否が審議され、「情報照会」となる。
2009年10月1日～2015年3月18日	国宝「姫路城」大天守、保存修理工事。
2010年 6月	ユネスコの暫定リストに「百舌鳥・古市古墳群」、「金を中心とする佐渡鉱山の遺産群」の2件を追加することを、文化審議会文化財分科会世界文化遺産特別委員会で決議。
2010年 7月	第34回世界遺産委員会ブラジリア会議で、「石見銀山遺跡とその文化的景観」の登録範囲の軽微な変更(442.4ha→529.17ha)がなされる。
2011年 6月	第35回世界遺産委員会パリ会議から3回目の世界遺産委員会委員国(任期4年)「小笠原諸島」、「平泉-仏国土(浄土)を表す建築・庭園及び考古学的遺跡群」の2件が登録される。「ル・コルビジエの建築作品-近代建築運動への顕著な貢献-」(構成資産のひとつが「国立西洋美術館本館」)は、「登録延期」決議がなされる。
2012年 1月25日	日本政府は、世界遺産条約関係省庁連絡会議を開き、「富士山」(山梨県・静岡県)と「武家の古都・鎌倉」(神奈川県)を、2013年の世界文化遺産登録に向け、正式推薦することを決定。
2012年 7月12日	文化審議会の世界文化遺産特別委員会は、「富岡製糸場と絹産業遺産群」(群馬県)を2014年の世界文化遺産登録推薦候補とすること、それに、2011年に世界遺産リストに登録された「平泉」の登録範囲の拡大と登録遺産名の変更に伴い、追加する構成資産を世界遺産暫定リスト登録候補にすることを了承。
2012年11月6日～8日	世界遺産条約採択40周年記念最終会合が、京都市の国立京都国際会館にて開催される。メインテーマ「世界遺産と持続可能な発展：地域社会の役割」
2013年 1月31日	世界遺産条約関係省庁連絡会議(外務省、文化庁、環境省、林野庁、水産庁、国土交通省、宮内庁で構成)において、世界遺産条約に基づくわが国の世界遺産暫定リストに、自然遺産として「奄美・琉球」を記載することを決定。世界遺産暫定リスト記載の為に必要な書類をユネスコ世界遺産センターに提出。
2013年3月	ユネスコ、対象地域の絞り込みを求め、世界遺産暫定リストへの追加を保留。
2013年 4月30日	イコモス、「富士山」を「記載」、「武家の古都・鎌倉」は「不記載」を勧告。

2013年 6月 4日	「武家の古都・鎌倉」について、世界遺産リスト記載推薦を取り下げることを決定。
2013年 6月22日	第37回世界遺産委員会プノンペン会議で、「富士山－信仰の対象と芸術の源泉」が登録される。
2013年 8月23日	文化審議会世界文化遺産・無形文化遺産部会及び世界文化遺産特別委員会で、「明治日本の産業革命遺産－九州・山口と関連遺産－」を2015年の世界遺産候補とすることを決定。
2014年1月	「奄美・琉球」、世界遺産暫定リスト記載の為に必要な書類をユネスコ世界遺産センターに再提出。
2014年 6月21日	第38回世界遺産委員会ドーハ会議で、「富岡製糸場と絹産業遺産群」が登録される。
2014年 7月10日	文化審議会世界文化遺産・無形文化遺産部会及び世界文化遺産特別委員会で、「長崎の教会群とキリスト教関連遺産」を2016年の世界遺産候補とすることを決定。
2014年10月	奈良文書20周年記念会合（奈良県奈良市）において、「奈良＋20」を採択。
2015年 5月 4日	イコモス、「明治日本の産業革命遺産－九州・山口と関連遺産－」について、「記載」を勧告。
2015年 7月 5日	第39回世界遺産委員会ボン会議で、「明治日本の産業革命遺産：製鉄・製鋼、造船、石炭産業」について、議長の差配により審議なしで登録が決議された後、日本及び韓国からステートメントが発せられた。
2015年 7月	第39回世界遺産委員会ボン会議で、「世界遺産条約履行の為の作業指針」が改訂され、アップストリーム・プロセス（登録推薦に際して、締約国が諮問機関や世界遺産センターに技術的支援を要請できる仕組み）が制度化された。
2015年 7月28日	文化審議会世界文化遺産・無形文化遺産部会で、「『神宿る島』宗像・沖ノ島と関連遺産群」を2017年の世界遺産候補とすることを決定。
2016年 1月	「紀伊山地の霊場と参詣道」の軽微な変更（「熊野参詣道」及び「高野参詣道」について、延長約41.1km、面積11.1haを追加）申請書をユネスコ世界遺産センターへ提出。（第40回世界遺産委員会イスタンブール会議において承認）
2016年 1月	「富士山－信仰の対象と芸術の源泉」の保全状況報告書をユネスコ世界遺産センターに提出。（2016年7月の第40回世界遺産委員会イスタンブール会議で審議）
2016年 2月1日	「奄美大島、徳之島、沖縄島北部及び西表島」世界遺産暫定リストに記載。
2016年 2月	イコモスの中間報告において、「長崎の教会群とキリスト教関連遺産」について、「長崎の教会群」の世界遺産としての価値を、「禁教・潜伏期」に焦点をあてた内容に見直すべきとの評価が示され推薦を取下げ、修正後2018年の登録をめざす。
2016年 5月17日	フランスなどとの共同推薦の「ル・コルビュジエの建築作品－近代建築運動への顕著な貢献－」（日本の推薦物件は「国立西洋美術館」）、「登録記載」の勧告。
2016年 7月17日	第40回世界遺産委員会イスタンブール会議で、「ル・コルビュジエの建築作品－近代建築運動への顕著な貢献－」が登録される。（フランスなど7か国17資産）
2016年 7月25日	文化審議会において、「長崎の教会群とキリスト教関連遺産」を2018年の世界遺産候補とすることを決定。（→「長崎と天草地方の潜伏キリシタン関連遺産」）
2017年 7月31日	文化庁の文化審議会世界文化遺産部会で「百舌鳥・古市古墳群」を2019年の世界遺産推薦候補とすることを決定。9月に開催される世界遺産条約関係省庁連絡会議（政府の推薦決定）を経て国内の推薦が決まる。
2018年 7月4日	第42回世界遺産委員会マナーマ会議で、「長崎の教会群とキリスト教関連遺産」が登録される。
2018年 11月2日	日本政府は、2020年の世界遺産候補として「奄美大島、徳之島、沖縄島北部および西表島」（自然遺産　鹿児島県・沖縄県）の推薦を決める。
2019年 5月14日	第43回世界遺産委員会バクー会議で、「百舌鳥・古市古墳群」が登録される見通し。（2019年 5月4日専門評価機関イコモスが登録勧告）
2022年 6月30日	世界遺産条約受諾30周年。

25 日本のユネスコ世界遺産

2019年5月現在、22物件（自然遺産 4物件、文化遺産18物件）が「世界遺産リスト」に登録されており、世界第12位である。

❶ **法隆寺地域の仏教建造物**　奈良県生駒郡斑鳩町
　文化遺産（登録基準(i)(ii)(iv)(vi)）　1993年
❷ **姫路城**　兵庫県姫路市本町　文化遺産（登録基準(i)(iv)）　1993年
❸ **白神山地**　青森県（西津軽郡鯵ヶ沢町、深浦町、中津軽郡西目屋村）
　　　　　　　秋田県（山本郡藤里町、八峰町、能代市）
　自然遺産（登録基準(ix)）　1993年
❹ **屋久島**　鹿児島県熊毛郡屋久島町　自然遺産（登録基準(vii)(ix)）　1993年
❺ **古都京都の文化財（京都市 宇治市 大津市）**
　京都府（京都市、宇治市）、滋賀県（大津市）
　文化遺産（登録基準(ii)(iv)）　1994年
❻ **白川郷・五箇山の合掌造り集落**　岐阜県（大野郡白川村）、富山県（南砺市）
　文化遺産（登録基準(iv)(v)）　1995年
❼ **広島の平和記念碑（原爆ドーム）**　広島県広島市中区大手町
　文化遺産（登録基準(vi)）　1996年
❽ **厳島神社**　広島県廿日市市宮島町　文化遺産（登録基準(i)(ii)(iv)(vi)）　1996年
❾ **古都奈良の文化財**　奈良県奈良市　文化遺産（登録基準(ii)(iii)(iv)(vi)）　1998年
❿ **日光の社寺**　栃木県日光市
　文化遺産（登録基準(i)(iv)(vi)）　1999年
⓫ **琉球王国のグスク及び関連遺産群**
　沖縄県（那覇市、うるま市、国頭郡今帰仁村、中頭郡読谷村、北中城村、中城村、南城市）
　文化遺産（登録基準(ii)(iii)(vi)）　2000年
⓬ **紀伊山地の霊場と参詣道**
　三重県（尾鷲市、熊野市、度会郡大紀町、北牟婁郡紀北町、南牟婁郡御浜町、紀宝町）
　奈良県（吉野郡吉野町、黒滝村、天川村、野迫川村、十津川村、下北山村、上北山村、川上村）
　和歌山県（新宮市、田辺市、橋本市、伊都郡かつらぎ町、九度山町、高野町、西牟婁郡白浜町、すさみ町、上富田町、東牟婁郡那智勝浦町、串本町）
　文化遺産（登録基準(ii)(iii)(iv)(vi)）　2004年／2016年
⓭ **知床**　北海道（斜里郡斜里町、目梨郡羅臼町）　自然遺産（登録基準(ix)(x)）　2005年
⓮ **石見銀山遺跡とその文化的景観**　島根県大田市
　文化遺産（登録基準(ii)(iii)(v)）　2007年／2010年
⓯ **平泉-仏国土（浄土）を表す建築・庭園及び考古学的遺跡群**
　岩手県西磐井郡平泉町　文化遺産（登録基準(ii)(vi)）　2011年
⓰ **小笠原諸島**　東京都小笠原村　自然遺産（登録基準(ix)）　2011年
⓱ **富士山-信仰の対象と芸術の源泉**
　山梨県（富士吉田市、富士河口湖町、忍野村、山中湖村、鳴沢村）
　静岡県（富士宮市、富士市、御殿場市、裾野市、小山町）
　文化遺産（登録基準(iii)(vi)）　2013年
⓲ **富岡製糸場と絹産業遺産群**　群馬県（富岡市、藤岡市、伊勢崎市、下仁田町）
　文化遺産（登録基準(ii)(iv)）　2014年
⓳ **明治日本の産業革命遺産：製鉄・製鋼、造船、石炭産業**
　福岡県（北九州市、大牟田市、中間市）、佐賀県（佐賀市）、長崎県（長崎市）、熊本県（荒尾市、宇城市）、鹿児島県（鹿児島市）、山口県（萩市）、岩手県（釜石市）、静岡県（伊豆の国市）
　文化遺産（登録基準(ii)(iv)）　2015年

⑳ル・コルビュジエの建築作品−近代建築運動への顕著な貢献−
　　フランス／スイス／ベルギー／ドイツ／インド／日本（東京都台東区）／アルゼンチン
　　文化遺産（登録基準（i）（ii）（vi））　2016年
㉑「神宿る島」宗像・沖ノ島と関連遺産群　　福岡県（宗像市、福津市）
　　文化遺産（登録基準（ii）（iii））　2017年
㉒長崎と天草地方の潜伏キリシタン関連遺産
　　長崎県（長崎市、佐世保市、平戸市、五島市、南島原市、小値賀町、新上五島町）、熊本県（天草市）
　　文化遺産（登録基準（ii）（iii））　2018年

26 日本の世界遺産暫定リスト記載物件

世界遺産締約国は、世界遺産委員会から将来、世界遺産リストに登録する為の候補物件について、暫定リスト（Tentative List）の目録を提出することが求められている。わが国の暫定リスト記載物件は、次の8件である。

- ●古都鎌倉の寺院・神社ほか（神奈川県　1992年暫定リスト記載）
  - ●「武家の古都・鎌倉」　2013年5月、「不記載」勧告。→登録推薦書類「取り下げ」
- ●彦根城（滋賀県　1992年暫定リスト記載）
- ●飛鳥・藤原−古代日本の宮都と遺跡群（奈良県　2007年暫定リスト記載）
- ●北海道・北東北の縄文遺跡群（北海道、青森県、秋田県、岩手県　2009年暫定リスト記載）
- ●百舌鳥・古市古墳群（大阪府　2010年暫定リスト記載）
  - →2019年の第43回世界遺産委員会で審議予定
- ●金を中心とする佐渡鉱山の遺産群（新潟県　2010年暫定リスト記載）
- ●平泉−仏国土（浄土）を表す建築・庭園及び考古学的遺跡群＜登録範囲の拡大＞
  （岩手県　2013年暫定リスト記載）
- ○奄美大島、徳之島、沖縄島北部及び西表島（鹿児島県、沖縄県　2016年暫定リスト記載）

27 ユネスコ世界遺産の今後の課題

- ●「世界遺産リスト」への登録物件の厳選、精選、代表性、信用（信頼）性の確保。
- ●世界遺産委員会へ諮問する専門機関（IUCNとICOMOS）の勧告と世界遺産委員会の決議との乖離の是正。
- ●行き過ぎたロビー活動を規制する為の規則を、オペレーショナル・ガイドラインズに反映することについての検討。
- ●締約国と専門機関（IUCNとICOMOS）との対話の促進と手続きの透明性の確保。
- ●同種、同類の登録物件の再編と統合。
  　例示：イグアス国立公園（アルゼンチンとブラジル）
  　　　　サンティアゴ・デ・コンポステーラへの巡礼道（スペインとフランス）
  　　　　スンダルバンス国立公園（インド）とサンダーバンズ（バングラデシュ）
  　　　　古代高句麗王国の首都群と古墳群（中国）と高句麗古墳群（北朝鮮）　など。
- ●「世界遺産リスト」への登録物件の上限数の検討。
- ●世界遺産の効果的な保護（Conservation）の確保。
- ●世界遺産登録時の真正性（Authenticity）や完全性（Integrity）が損なわれた場合の世界遺産リストからの抹消。
- ●類似物件、同一カテゴリーの物件との比較分析。→　暫定リストの充実
- ●登録物件数の地域的不均衡（ヨーロッパ・北米偏重）の解消。
- ●自然遺産と文化遺産の登録物件数の不均衡（文化遺産偏重）の解消。

- グローバル・ストラテジー(文化的景観、産業遺産、20世紀の建築等)の拡充。
- 「文化的景観」、「歴史的町並みと街区」、「運河に関わる遺産」、「遺産としての道」など、特殊な遺産の世界遺産リストへの登録。
- 危機にさらされている世界遺産(★【危機遺産】)への登録手続きの迅速化などの緊急措置。
- 新規登録の選定作業よりも、既登録の世界遺産のモニタリングなど保全管理を重視し、危機遺産比率を下げていくことに注力していくことが必要。
- 複数国にまたがるシリアル・ノミネーション(トランスバウンダリー・ノミネーション)の保全管理にあたって、全体の「顕著な普遍的価値」が損なわれないよう、構成資産のある当事国や所有管理者間のコミュニケーションを密にし、全体像の中での各構成資産の位置づけなどの解説や説明など全体管理を行なう組織が必要。
- インターネットからの現地情報の収集など実効性ある監視強化メカニズム(Reinforced Monitoring Mechanism)の運用。
- 「気候変動が世界遺産に及ぼす影響」など地球環境問題への戦略的対応。
- 世界遺産条約締約国が、世界遺産条約の理念や本旨を遵守しない場合の制裁措置等の検討。
- 世界遺産条約をまだ締約していない国・地域(ソマリア、ブルンジ、ツバル、ナウル、リヒテンシュタイン)の条約締約の促進。
- 世界遺産条約を締約しているが、まだ世界遺産登録のない26か国(ブルンディ、コモロ、ルワンダ、リベリア、シエラレオネ、スワジランド、ギニア・ビサウ、サントメ・プリンシペ、ジブチ、赤道ギニア、南スーダン、クウェート、モルジブ、ニウエ、サモア、ブータン、トンガ、クック諸島、ブルネイ、東ティモール、モナコ、ガイアナ、グレナダ、セントヴィンセントおよびグレナディーン諸島、トリニダード・トバコ、バハマ)からの最低1物件以上の世界遺産登録の促進。
- 世界遺産条約を締約していない国・地域の世界遺産(なかでも★【危機遺産】)の取扱い。
- 世界遺産条約を締約しているが、まだ世界遺産暫定リストを作成していない国(赤道ギニア、サントメ・プリンシペ、南スーダン、ブルネイ、クック諸島、ニウエ、東ティモール)への作成の促進。
- 無形文化遺産保護条約、世界の記憶(Memory of the World)との連携。
- 世界遺産から無形遺産も含めた地球遺産へ。
- 世界遺産基金の充実と世界銀行など国際金融機関との連携。
- 世界遺産を通じての国際交流と国際協力の促進。
- 世界遺産地の博物館、美術館、情報センター、ビジターセンターなどのガイダンス施設の充実。
- 国連「世界遺産のための国際デー」(11月16日)の制定。

28 ユネスコ世界遺産を通じての総合学習

- 世界平和や地球環境の大切さ
- 世界遺産の鑑賞とその価値(歴史性、芸術性、文化性、景観上、保存上、学術上など)
- 地球の活動の歴史と生物多様性(地形・地質、生態系、自然景観、生物多様性など)
- 人類の功績、所業、教訓(遺跡、建造物群、モニュメントなど)
- 世界遺産の多様性(自然の多様性、文化の多様性)
- 世界遺産地の民族、言語、宗教、地理、歴史、伝統、文化
- 世界遺産の保護と地域社会の役割
- 世界遺産と人間の生活や生業との関わり
- 世界遺産を取り巻く脅威、危険、危機
- 世界遺産の保護・保全・保存の大切さ
- 世界遺産の利活用(教育、観光、地域づくり、まちづくり)
- 国際理解、異文化理解
- 世界遺産教育、世界遺産学習
- 広い視野に立って物事を考えることの大切さ

- 郷土愛、郷土を誇りに思う気持ちの大切さ
- 人と人とのつながりや絆の大切さ
- 地域遺産を守っていくことの大切さ
- ヘリティッジ・ツーリズム、ライフ・ビヨンド・ツーリズム、カルチュラル・ツーリズム、エコ・ツーリズムなど

㉙ 今後の世界遺産委員会等の開催スケジュール

2019年6月30日～7月10日　第43回世界遺産委員会バクー会議
　　　　　　　　　　　　（審議対象物件：2018年2月1日までの登録申請分）

㉚ 世界遺産条約の将来

- <u>世界遺産の6つの将来目標</u>

  ◎ 世界遺産の「顕著な普遍的価値」(OUV) の維持
  ◎ 信用性のある世界で最も顕著な文化・自然遺産の選定である世界遺産リスト
  ◎ 現在と将来の環境的、社会的、経済的なニーズを考慮した遺産の保護と保全
  ◎ 世界遺産のブランドの質の維持・向上
  ◎ 世界遺産委員会の政策と戦略的重要事項の表明
  ◎ 定例会合での決議事項の周知と効果的な履行

- <u>世界遺産条約履行の為の戦略的行動計画　2012年～2022年</u>

  ◎ 信用性、代表性、均衡性のある「世界遺産リスト」の為のグローバル戦略の履行と
  　自発的な保全へ取組みとの連携(PACT＝世界遺産パートナー・イニシアティブ)に関する
  　ユネスコの外部監査による独立的評価
  ◎ 世界遺産の人材育成戦略
  ◎ 災害危険の軽減戦略
  ◎ 世界遺産地の気候変動のインパクトに関する政策
  ◎ 下記のテーマに関する専門家グループ会合開催の推奨
  　○ 世界遺産の保全への取組み
  　○ 世界遺産条約の委員会等組織での意思決定の手続き
  　○ 世界遺産委員会での登録可否の検討に先立つ前段プロセス(早い段階での諮問機関の
  　　ICOMOSやIUCNの改善の対話等、アップストリーム・プロセスの明文化)の改善
  　○ 世界遺産条約における保全と持続可能な発展との関係

＜出所＞2011年第18回世界遺産条約締約国パリ総会での決議事項に拠る。

世界遺産ガイド−カリブ海地域編−

ユネスコ世界遺産の概要

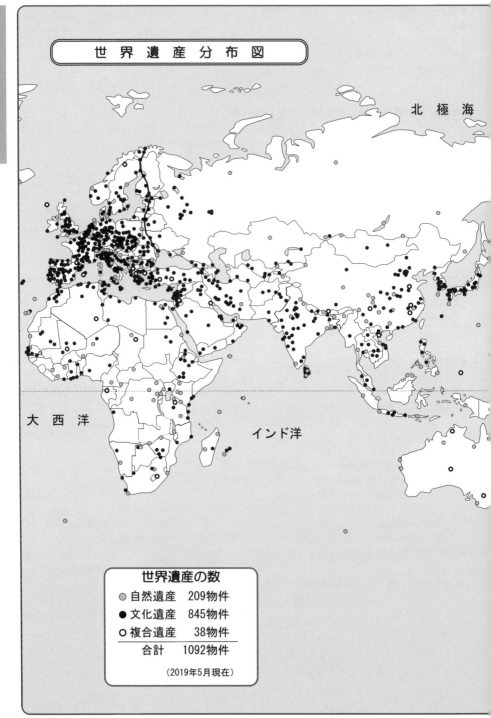

世界遺産分布図

北極海

大西洋　インド洋

世界遺産の数
● 自然遺産　209物件
● 文化遺産　845物件
○ 複合遺産　　38物件
　合計　　1092物件

（2019年5月現在）

34　　　　　　　　　　　　　　　シンクタンクせとうち総合研究機構

世界遺産ガイドーカリブ海地域編—

ユネスコ世界遺産の概要

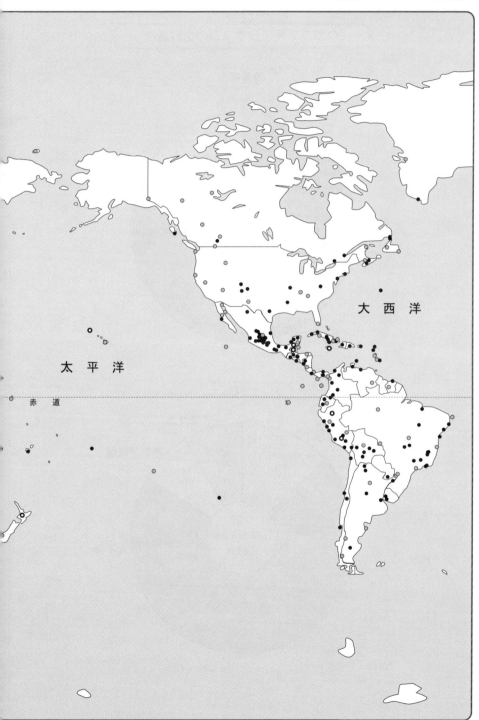

世界遺産ガイド－カリブ海地域編－

ユネスコ世界遺産の概要

グラフで見るユネスコの世界遺産

遺産種別

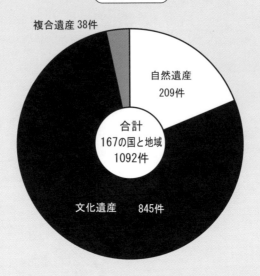

- 自然遺産 209件
- 複合遺産 38件
- 文化遺産 845件
- 合計 167の国と地域 1092件

地域別

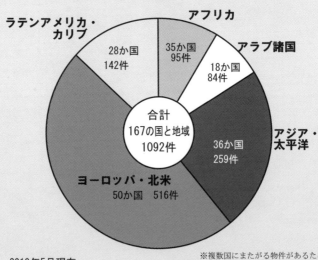

- ラテンアメリカ・カリブ 28か国 142件
- アフリカ 35か国 95件
- アラブ諸国 18か国 84件
- アジア・太平洋 36か国 259件
- ヨーロッパ・北米 50か国 516件
- 合計 167の国と地域 1092件

2019年5月現在

※複数国にまたがる物件があるため、各地域の数を合計すると差異が生じます。

36　　シンクタンクせとうち総合研究機構

世界遺産ガイド―カリブ海地域編―

ユネスコ世界遺産の概要

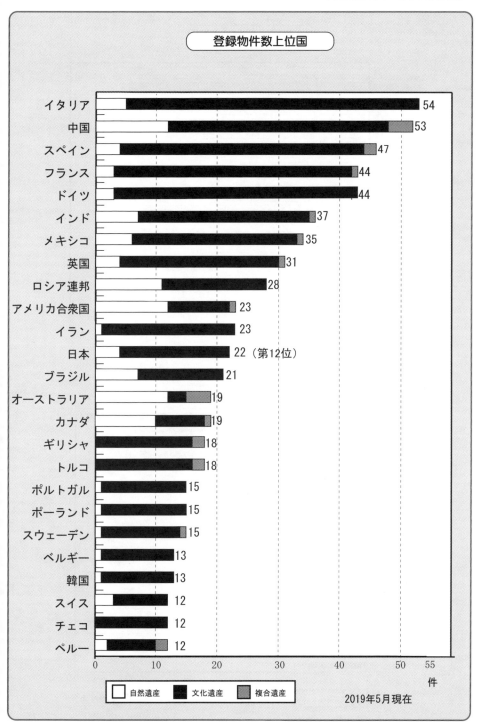

シンクタンクせとうち総合研究機構

世界遺産ガイド-カリブ海地域編-

ユネスコ世界遺産の概要

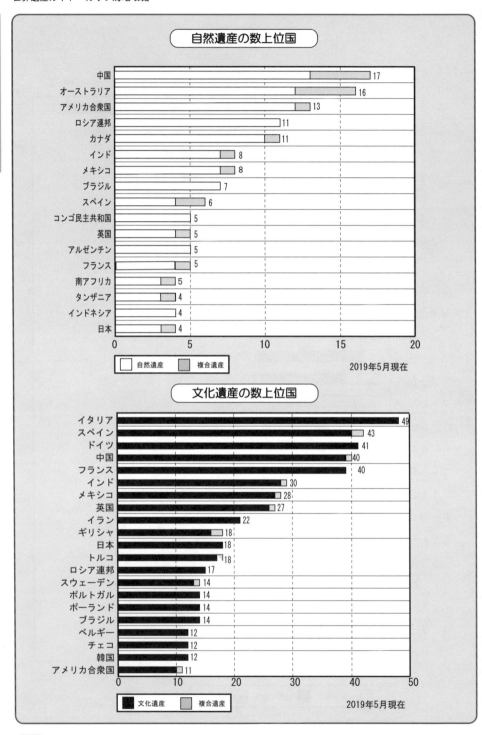

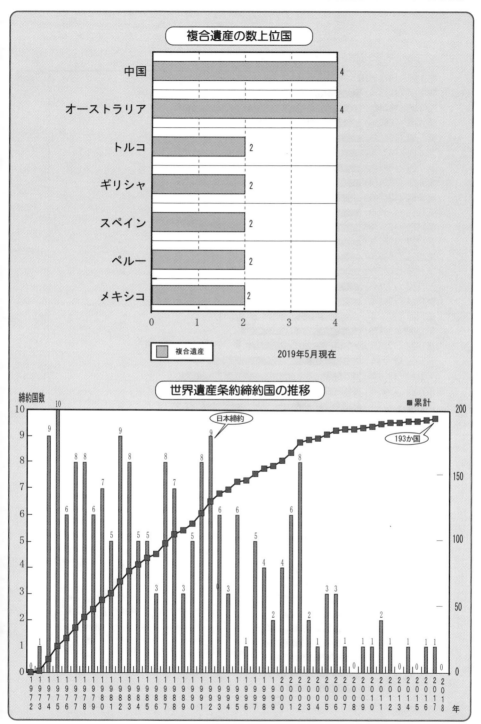

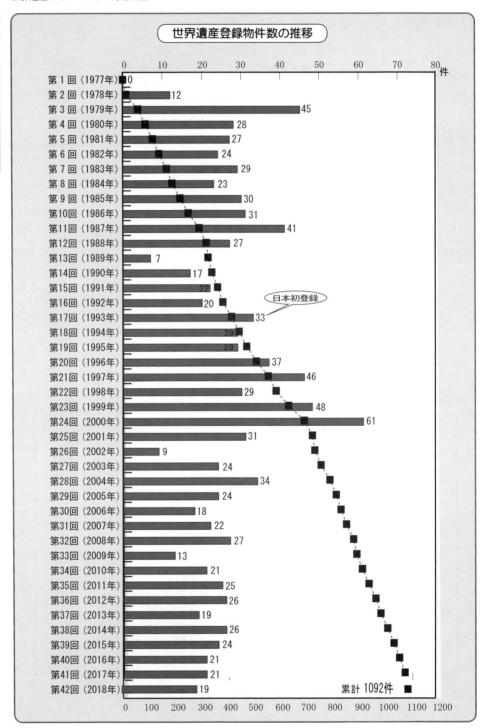

世界遺産ガイド―カリブ海地域編―

ユネスコ世界遺産の概要

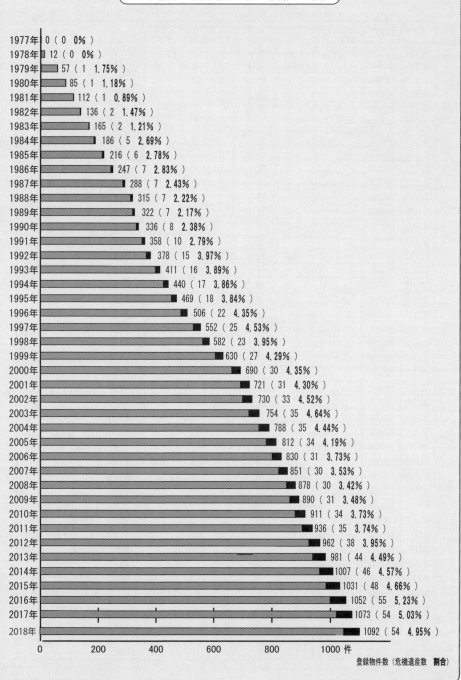

世界遺産と危機遺産の数の推移と比率

年	登録物件数	危機遺産数	割合
1977年	0	0	0%
1978年	12	0	0%
1979年	57	1	1.75%
1980年	85	1	1.18%
1981年	112	1	0.89%
1982年	136	2	1.47%
1983年	165	2	1.21%
1984年	186	5	2.69%
1985年	216	6	2.78%
1986年	247	7	2.83%
1987年	288	7	2.43%
1988年	315	7	2.22%
1989年	322	7	2.17%
1990年	336	8	2.38%
1991年	358	10	2.79%
1992年	378	15	3.97%
1993年	411	16	3.89%
1994年	440	17	3.86%
1995年	469	18	3.84%
1996年	506	22	4.35%
1997年	552	25	4.53%
1998年	582	23	3.95%
1999年	630	27	4.29%
2000年	690	30	4.35%
2001年	721	31	4.30%
2002年	730	33	4.52%
2003年	754	35	4.64%
2004年	788	35	4.44%
2005年	812	34	4.19%
2006年	830	31	3.73%
2007年	851	30	3.53%
2008年	878	30	3.42%
2009年	890	31	3.48%
2010年	911	34	3.73%
2011年	936	35	3.74%
2012年	962	38	3.95%
2013年	981	44	4.49%
2014年	1007	46	4.57%
2015年	1031	48	4.66%
2016年	1052	55	5.23%
2017年	1073	54	5.03%
2018年	1092	54	4.95%

登録物件数（危機遺産数　割合）

シンクタンクせとうち総合研究機構

世界遺産ガイド－カリブ海地域編－

世界遺産委員会別登録物件数の内訳

回次	開催年	登録物件数 自然	文化	複合	合計	登録物件数（累計） 自然	文化	複合	累計	備考
第1回	1977年	0	0	0	0	0	0	0	0	①オフリッド湖〈自然遺産〉
第2回	1978年	4	8	0	12	4	8	0	12	（マケドニア*1979年登録）
第3回	1979年	10	34	1	45	14	42	1	57	→文化遺産加わり複合遺産に *当時の国名はユーゴスラヴィア
第4回	1980年	6	23	0	29	19①	65	2①	86	②バージェス・シェル遺跡〈自然遺産〉
第5回	1981年	9	15	2	26	28	80	4	112	（カナダ1980年登録）
第6回	1982年	5	17	2	24	33	97	6	136	→「カナディアンロッキー山脈公園」として再登録。上記物件を統合
第7回	1983年	9	19	1	29	42	116	7	165	③グアラニー人のイエズス会伝道所
第8回	1984年	7	16	0	23	48②	131③	7	186	〈文化遺産〉（ブラジル1983年登録）
第9回	1985年	4	25	1	30	52	156	8	216	→アルゼンチンにある物件が登録され、1物件とみなされることに
第10回	1986年	8	23	0	31	60	179	8	247	④ウエストランド、マウント・クック国立公園〈自然遺産〉
第11回	1987年	8	32	1	41	68	211	9	288	フィヨルドランド国立公園〈自然遺産〉
第12回	1988年	5	19	3	27	73	230	12	315	（ニュージーランド1986年登録）
第13回	1989年	2	4	1	7	75	234	13	322	→「テ・ワヒポナム」として再登録。上記2物件を統合し1物件に
第14回	1990年	5	11	1	17	77④	245	14	336	④タラマンカ地方－ア・アミスタッド
第15回	1991年	6	16	0	22	83	261	14	358	保護区群〈自然遺産〉
第16回	1992年	4	16	0	20	86⑤	277	15⑤	378	（コスタリカ1983年登録）
第17回	1993年	4	29	0	33	89⑥	306	16⑥	411	→パナマのラ・アミスタッド国立公園を加え再登録。
第18回	1994年	8	21	0	29	96⑦	327	17⑦	440	上記物件を統合し1物件に
第19回	1995年	6	23	0	29	102	350	17	469	⑤リオ・アビセオ国立公園〈自然遺産〉
第20回	1996年	5	30	2	37	107	380	19	506	（ペルー） →文化遺産加わり複合遺産に
第21回	1997年	7	38	1	46	114	418	20	552	⑥トンガリロ国立公園〈自然遺産〉
第22回	1998年	3	27	0	30	117	445	20	582	（ニュージーランド） →文化遺産加わり複合遺産に
第23回	1999年	11	35	2	48	128	480	22	630	⑦ウルル・カタ・ジュタ国立公園
第24回	2000年	10	50	1	61	138	529⑧	23	690	〈自然遺産〉（オーストラリア） →文化遺産加わり複合遺産に
第25回	2001年	6	25	0	31	144	554	23	721	⑧シャンボール城〈文化遺産〉
第26回	2002年	0	9	0	9	144	563	23	730	（フランス1981年登録）
第27回	2003年	5	19	0	24	149	582	23	754	→「シュリー・シュルロワールとシャロンヌの間のロワール渓谷」
第28回	2004年	5	29	0	34	154	611	23	788	として再登録。上記物件を統合
第29回	2005年	7	17	0	24	160⑨	628	24⑨	812	⑨セント・キルダ〈自然遺産〉
第30回	2006年	2	16	0	18	162	644	24	830	（イギリス1986年登録）
第31回	2007年	5	16	1	22	166⑩	660	25	851	→文化遺産加わり複合遺産に
第32回	2008年	8	19	0	27	174	679	25	878	⑩アラビアン・オリックス保護区
第33回	2009年	2	11	0	13	176	689⑪	25	890	〈自然遺産〉（オマーン1994年登録）
第34回	2010年	5	15	1	21	180⑫	704	27⑫	911	→登録抹消
第35回	2011年	3	21	1	25	183	725	28	936	⑪ドレスデンのエルベ渓谷
第36回	2012年	5	20	1	26	188	745	29	962	〈文化遺産〉（ドイツ2004年登録）
第37回	2013年	5	14	0	19	193	759	29	981	→登録抹消
第38回	2014年	4	21	1	26	197	779⑬	31⑬	1007	⑫ンゴロンゴロ保全地域〈自然遺産〉
第39回	2015年	0	23	1	24	197	802	32	1031	（タンザニア1978年登録） →文化遺産加わり複合遺産に
第40回	2016年	6	12	3	21	203	814	35	1052	⑬カラクムルのマヤ都市〈文化遺産〉（メキシコ2002年登録）
第41回	2017年	3	18	0	21	206	832	35	1073	→自然遺産加わり複合遺産に
第42回	2018年	3	13	3	19	209	845	38	1092	

ユネスコ世界遺産の概要

シンクタンクせとうち総合研究機構

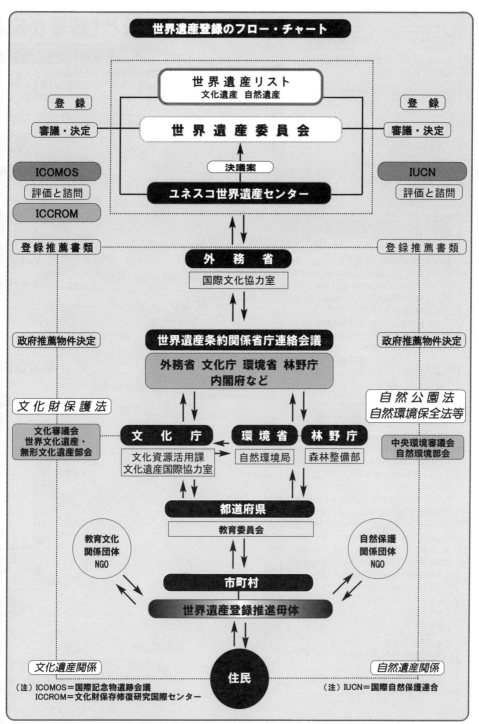

世界遺産ガイド－カリブ海地域編－

ユネスコ世界遺産の概要

登録範囲

コア・ゾーン（推薦資産）

登録推薦資産を効果的に保護するたに明確に設定された境界線。

境界線の設定は、資産の「顕著な普遍的価値」及び完全性及び真正性が十分に表現されることを保証するように行われなければならない。＿＿＿＿＿ ha

- ●文化財保護法
  国の史跡指定
  国の重要文化的景観指定など
- ●自然公園法
  国立公園、国定公園
- ●都市計画法
  国営公園

バッファー・ゾーン（緩衝地帯）

推薦資産の効果的な保護を目的として、推薦資産を取り囲む地域に、法的または慣習的手法により補完的な利用・開発規制を敷くことにより設けられるもうひとつの保護の網。推薦資産の直接のセッティング（周辺の環境）、重要な景色やその他資産の保護を支える重要な機能をもつ地域または特性が含まれるべきである。＿＿＿＿＿ ha

- ●景観条例
- ●環境保全条例

担保条件

長期的な保存管理計画

登録推薦資産の現在及び未来にわたる効果的な保護を担保するために、各資産について、資産の「顕著な普遍的価値」をどのように保全すべきか（参加型手法を用いることが望ましい）について明示した適切な管理計画のこと。どのような管理体制が効果的かは、登録推薦資産のタイプ、特性、ニーズや当該資産が置かれた文化、自然面での文脈によっても異なる。管理体制の形は、文化的視点、資源量その他の要因によって、様々な形式をとり得る。伝統的手法、既存の都市計画や地域計画の手法、その他の計画手法が使われることが考えられる。

- ●管理主体
- ●管理体制
- ●管理計画

- ●記録・保存・継承
- ●公開・活用（教育、観光、まちづくり）

- ●地域計画、都市計画
- ●協働のまちづくり

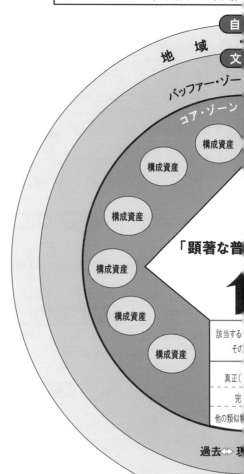

世界遺産登録と「顕著な普遍

顕著な普遍的価値（Outsta

国家間の境界を超越し、人類全体にとって現代及
文化的な意義及び/又は自然的な価値を意味する
国際社会全体にとって最高水準の重要性を有する

ローカル ⇨ リージョナル ⇨ ナショナ

登録遺産名：○○○○○○○○○○○
日本語表記：○○○○○○○○○○○
位置（経緯度）：北緯○○度○○分　東経
登録遺産の説明と概要：○○○○○○○○
　　　　　　　　　　○○○○○○○○

シンクタンクせとうち総合研究機構

ユネスコ世界遺産の概要

「顕著な普遍的価値」の考え方について
(Outstanding Universal Value＝OUV)

...た重要性をもつような、傑出した...
...遺産を恒久的に保護することは...

ナショナル ⇨ グローバル

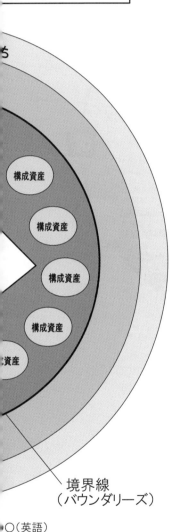

構成資産
構成資産
構成資産
構成資産
...資産

境界線（バウンダリーズ）

○（英語）
○○○
○○○○○
○○○○

必要十分条件の証明

必要条件

登録基準（クライテリア）

(i) 人類の創造的天才の傑作を表現するもの。
→**人類の創造的天才の傑作**

(ii) ある期間を通じて、または、ある文化圏において、建築、技術、記念碑的芸術、町並み計画、景観デザインの発展に関し、人類の価値の重要な交流を示すもの。
→**人類の価値の重要な交流を示すもの**

(iii) 現存する、または、消滅した文化的伝統、または、文明の、唯一の、または、少なくとも稀な証拠となるもの。
→**文化的伝統、文明の稀な証拠**

(iv) 人類の歴史上重要な時代を例証する、ある形式の建造物、建築物群、技術の集積、または、景観の顕著な例。
→**歴史上、重要な時代を例証する優れた例**

(v) 特に、回復困難な変化の影響下で損傷されやすい状態にある場合における、ある文化（または、複数の文化）、或は、環境と人間との相互作用、を代表する伝統的集落、または、土地利用の顕著な例。
→**存続が危ぶまれている伝統的集落、土地利用の際立つ例**

(vi) 顕著な普遍的な意義を有する出来事、現存する伝統、思想、信仰、または、芸術的、文学的作品と、直接に、または、明白に関連するもの。
→**普遍的出来事、伝統、思想、信仰、芸術、文学的作品と関連するもの**

(vii) もっともすばらしい自然現象、または、ひときわすぐれた自然美をもつ地域、及び、美的な重要性を含むもの。→**自然景観**

(viii) 地球の歴史上の主要な段階を示す見本であるもの。これには、生物の記録、地形の発達における重要な地学的進行過程、或は、重要な地形的、または、自然地理的特性などが含まれる。
→**地形・地質**

(ix) 陸上、淡水、沿岸、及び、海洋生態系と動植物群集の進化と発達において、進行しつつある重要な生態学的、生物学的プロセスを示す顕著な見本であるもの。→**生態系**

(x) 生物多様性の本来的保全にとって、もっとも重要かつ意義深い自然生息地を含んでいるもの。これには、科学上、または、保全上の観点から、普遍的価値をもつ絶滅の恐れのある種が存在するものを含む。
→**生物多様性**

※上記の登録基準(i)～(x)のうち、一つ以上の登録基準を満たすと共に、それぞれの根拠となる説明が必要。

十分条件

真正（真実）性（オーセンティシティ）

文化遺産の種類、その文化的文脈によって一様ではないが、資産の文化的価値（上記の登録基準）が、下に示すような多様な属性における表現において真実かつ信用性を有する場合に、真正性の条件を満たしていると考えられ得る。
○形状、意匠
○材料、材質
○用途、機能
○伝統、技能、管理体制
○位置、セッティング（周辺の環境）
○言語その他の無形遺産
○精神、感性
○その他の内部要素、外部要素

完全性（インテグリティ）

自然遺産及び文化遺産とそれらの特質のすべてが無傷で包含されている度合を測るためのものさしである。従って、完全性の条件を調べるためには、当該資産が以下の条件をどの程度満たしているかを評価する必要がある。
a)「顕著な普遍的価値」が発揮されるのに必要な要素（構成資産）がすべて含まれているか。
b) 当該物件の重要性を示す特徴を不足なく代表するために適切な大きさが確保されているか。
c) 開発及び管理放棄による負の影響を受けていないか。

他の類似物件との比較

当該物件を、国内外の類似の世界遺産、その他の物件と比較した比較分析を行わなければならない。比較分析では、当該物件の国内での重要性及び国際的な重要性について説明しなければならない。

Ⓒ世界遺産総合研究所

ユネスコ世界遺産の概要

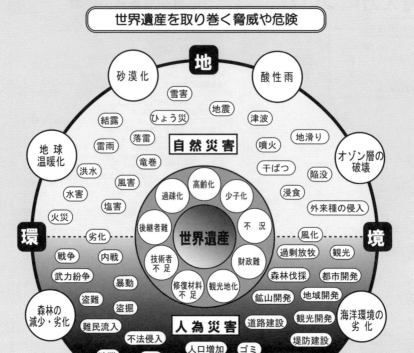

世界遺産を取巻く脅威、危険、危機の因子

　　固有危険　　風化、劣化など
　　自然災害　　地震、津波、地滑り、火山の噴火など
　　人為災害　　タバコの不始末等による火災、無秩序な開発行為など
　　地球環境問題　　地球温暖化、砂漠化、酸性雨、海洋環境の劣化など
　　社会環境の変化　　過疎化、高齢化、後継者難、観光地化など

世界遺産を取巻く脅威、危険、危機の状況

　　確認危険　　遺産が特定の確認された差し迫った危険に直面している状況
　　潜在危険　　遺産固有の特徴に有害な影響を与えかねない脅威に直面している状況

世界遺産を取り巻く脅威や危険　確認危険と潜在危険

危険種別 \ 遺産種別	文化遺産	自然遺産
確認危険 Ascertained Danger	● 材質の重大な損壊 ● 構造、或は、装飾的な特徴 ● 建築、或は、都市計画の統一性 ● 歴史的な真正性 ● 文化的な定義	● 病気、密猟、密漁 ● 大規模開発、産業開発採掘、汚染、森林伐採 ● 境界や上流地域への人間の侵入
潜在危険 Potential Danger	● 遺産の法的地位 ● 保護政策 ● 地域開発計画 ● 都市開発計画 ● 武力紛争 ● 地質、気象、その他の環境的要因	● 指定地域の法的な保護状況 ● 再移転計画、或は開発事業 ● 武力紛争 ● 保護管理計画

世界遺産ガイド―カリブ海地域編―

＜参考＞ 世界遺産、世界無形文化遺産、世界の記憶の違い

	世界遺産	世界無形文化遺産	世界の記憶
準拠	世界の文化遺産および自然遺産の保護に関する条約 （略称：世界遺産条約）	無形文化遺産の保護に関する条約 （略称：無形文化遺産保護条約）	メモリー・オブ・ザ・ワールド・プログラム（略称：MOW） ＊条約ではない
採択・開始	1972年	2003年	1992年
目的	かけがえのない遺産をあらゆる脅威や危険から守る為に、その重要性を広く世界に呼びかけ、保護・保全の為の国際協力を推進する。	グローバル化により失われつつある多様な文化を守るため、無形文化遺産尊重の意識を向上させ、その保護に関する国際協力を促進する。	人類の歴史的な文書や記録など、忘却してはならない貴重な記録遺産を登録し、最新のデジタル技術などで保存し、広く公開する。
対象	有形の不動産 （文化遺産、自然遺産）	文化の表現形態 ・口承及び表現 ・芸能 ・社会的慣習、儀式及び祭礼行事 ・自然及び万物に関する知識及び慣習 ・伝統工芸技術	・文書類（手稿、写本、書籍等） ・非文書類（映画、音楽、地図等） ・視聴覚類（映画、写真、ディスク等） ・その他　記念碑、碑文など
登録申請	各締約国（193か国） 2019年5月現在	各締約国（178か国） 2019年5月現在	国、地方自治体、団体、個人など
審議機関	世界遺産委員会 （委員国21か国）	無形文化遺産委員会 （委員国24か国）	ユネスコ事務局長 ↑ 国際諮問委員会
審査評価機関	NGOの専門機関 (ICOMOS, ICCROM, IUCN) 現地調査と書類審査	無形文化遺産委員会の評価機関 6つの専門機関と6人の専門家で構成	国際諮問委員会の補助機関　登録分科会 専門機関 (IFLA, ICA, ICAAA, ICOM などのNGO)
リスト	世界遺産リスト　（1092件）	人類の無形文化遺産の代表的なリスト （略称：代表リスト）（429件）	世界の記憶リスト （427件）
登録基準	必要条件：10の基準のうち、1つ以上を完全に満たすこと。 顕著な普遍的価値	必要条件： 5つの基準を全て満たすこと。 コミュニティへの社会的な役割と文化的な意味	必要条件：5つの基準のうち、1つ以上の世界的な重要性を満たすこと。 世界史上重要な文書や記録
危機リスト	危機にさらされている世界遺産リスト （略称：危機遺産リスト）（54件）	緊急に保護する必要がある無形文化遺産のリスト （略称：緊急保護リスト）（59件）	―
基金	世界遺産基金	無形文化遺産保護基金	世界の記憶基金
事務局	ユネスコ世界遺産センター	ユネスコ文化局無形遺産課	ユネスコ情報・コミュニケーション局知識社会部ユニバーサルアクセス・保存課
指針	オペレーショナル・ガイドラインズ （世界遺産条約履行の為の作業指針）	オペレーショナル・ディレクティブス （無形文化遺産保護条約履行の為の運用指示書）	ジェネラル・ガイドラインズ （記録遺産保護の為の一般指針）
日本の窓口	外務省、文化庁記念物課 環境省、林野庁	外務省、文化庁伝統文化課	文部科学省 日本ユネスコ国内委員会

世界遺産ガイド―カリブ海地域編―

ユネスコ世界遺産の概要

	世界遺産	世界無形文化遺産	世界の記憶
代表例	<自然遺産> ○ キリマンジャロ国立公園 (タンザニア) ○ グレート・バリア・リーフ(オーストラリア) ○ グランド・キャニオン国立公園 (米国) ○ ガラパゴス諸島 (エクアドル) <文化遺産> ● アンコール (カンボジア) ● タージ・マハル (インド) ● 万里の長城 (中国) ● モン・サン・ミッシェルとその湾 (フランス) ● ローマの歴史地区 (イタリア・ヴァチカン) <複合遺産> ◎ 黄山 (中国) ◎ トンガリロ国立公園 (ニュージーランド) ◎ マチュ・ピチュの歴史保護区 (ペルー) など	◉ ジャマ・エル・フナ広場の文化的空間 (モロッコ) ◉ ベドウィン族の文化的空間 (ヨルダン) ◉ ヨガ (インド) ◉ カンボジアの王家の舞踊(カンボジア) ◉ ヴェトナムの宮廷音楽、 　ニャー・ニャック (ヴェトナム) ◉ イフガオ族のフドフド詠歌 (フィリピン) ◉ 端午節 (中国) ◉ 江陵端午祭 (カンルンタンジュ) (韓国) ◉ コルドバのパティオ祭り (スペイン) ◉ フランスの美食 (フランス) ◉ ドゥブロヴニクの守護神聖ブレイズの 　祝祭 (クロアチア) など	○ アンネ・フランクの日記 (オランダ) ○ ゲーテ・シラー資料館のゲーテの 　直筆の文学作品 (ドイツ) ○ ブラームスの作品集 (オーストリア) ○ 朝鮮王朝実録 (韓国) ○ 人間と市民の権利の宣言 (1789～ 　1791年) (フランス) ○ 解放闘争の生々しいアーカイヴ・ 　コレクション (南アフリカ) ○ エレノア・ルーズベルト文書プロジェクト 　の常設展 (米国) ○ ヴァスコ・ダ・ガマのインドへの最初の 　航海史1497～1499年 (ポルトガル) など
日本関係	(22件) <自然遺産> ○ 白神山地 ○ 屋久島 ○ 知床 ○ 小笠原諸島 <文化遺産> ● 法隆寺地域の仏教建造物 ● 姫路城 ● 古都京都の文化財 　(京都市 宇治市 大津市) ● 白川郷・五箇山の合掌造り集落 ● 広島の平和記念碑 (原爆ドーム) ● 厳島神社 ● 古都奈良の文化財 ● 日光の社寺 ● 琉球王国のグスク及び関連遺産群 ● 紀伊山地の霊場と参詣道 ● 石見銀山遺跡とその文化的景観 ● 平泉―仏国土(浄土)を表す建築・ 　庭園及び考古学的遺跡群― ● 富士山―信仰の対象と芸術の源泉 ● 富岡製糸場と絹産業遺産群 ● 明治日本の産業革命遺産 　―製鉄・製鋼、造船、石炭産業 ● ル・コルビュジエの建築作品 　―近代建築運動への顕著な貢献 ● 「神宿る島」宗像・沖ノ島と関連遺産群 ● 長崎と天草地方の潜伏キリシタン関連 　遺産	(21件) ◉ 能楽 ◉ 人形浄瑠璃文楽 ◉ 歌舞伎 ◉ 秋保の田植踊 (宮城県) ◉ チャッキラコ (神奈川県) ◉ 題目立 (奈良県) ◉ 大日堂舞楽 (秋田県) ◉ 雅楽 ◉ 早池峰神楽 (岩手県) ◉ ◉ 小千谷縮・越後上布―新潟県魚沼 　地方の麻織物の製造技術 (新潟県) ◉ 奥能登のあえのこと (石川県) ◉ アイヌ古式舞踊 (北海道) ◉ 組踊、伝統的な沖縄の歌劇 (沖縄県) ◉ 結城紬、絹織物の生産技術 　(茨城県、栃木県) ◉ 壬生の花田植、広島県壬生の田植 　の儀式 (広島県) ◉ 佐陀神能、島根県佐太神社の神楽 　(島根県) ◉ 那智の田楽.那智の火祭りで演じられる 　宗教的な民俗芸能(和歌山県) ◉ 和食;日本人の伝統的な食文化 　―正月を例として― ◉ 和紙;日本の手漉和紙技術 　(島根県、岐阜県、埼玉県) ◉ 日本の山・鉾・屋台行事 　(青森県、埼玉県、京都府など18府県33件) ◉ 来訪神:仮面・仮装の神々 　(秋田県など8県10件)	(7件) ○ 山本作兵衛コレクション <所蔵機関>田川市石炭・歴史博物館 　福岡県立大学附属研究所(福岡県田川市) ◉ 慶長遣欧使節関係資料 　(スペインとの共同登録) <所蔵機関>仙台市博物館(仙台市) ◉ 御堂関白記:藤原道長の自筆日記 <所蔵機関>公益財団法人陽明文庫 　(京都市右京区) ◉ 東寺百合文書 <所蔵機関>京都府立総合資料館 　(京都市左京区) ◉ 舞鶴への生還―1946～1953シベリア 　抑留等日本人の本国への引き揚げの記録 <所蔵機関>舞鶴引揚記念館 　(京都府舞鶴市) ○ 上野三碑 (こうずけさんぴ) <所蔵機関>高崎市 ◉ 朝鮮通信使に関する記録 17～19世紀 　の日韓間の平和構築と文化交流の歴史 　(韓国との共同登録) <所蔵機関>東京国立博物館、長崎県立 　対馬歴史民俗資料館、日光東照宮 など
今後の候補	● 百舌鳥・古市古墳群 →2019年登録審議予定 ○ 奄美大島、徳之島、沖縄島北部及び 　西表島 →2020年登録審議予定	◉ 伝統建築工匠の技:木造建造物を 　受け継ぐための伝統技術 →2020年登録審議予定	○ 杉原リスト―1940年、杉原千畝が避難 　民救済のため人道主義・博愛精神に基づ 　き大量発給した日本通過ビザ発給の記録 →2017年第13回国際諮問委員会にて 　登録審査の結果 不登録

シンクタンクせとうち総合研究機構

世界遺産　キーワード

- Area of nominated property　登録範囲
- Authenticity　真正性、或は、真実性
- Boundaries　境界線（コア・ゾーンとバッファー・ゾーンとの）
- Buffer Zone　バッファー・ゾーン（緩衝地帯）
- Community　地域社会
- Comparative Analysis　比較分析
- Components　構成資産
- Comparison with other similar properties　他の類似物件との比較
- Conservation and Management　保護管理
- Core Zone　コア・ゾーン（核心地域）
- Criteria for Inscription　登録基準
- Cultural and Natural Heritage　複合遺産
- Cultural Heritage　文化遺産
- Cultural Landscapes　文化的景観
- ICCROM　文化財保存及び修復の研究のための国際センター（通称　ローマセンター）
- ICOMOS　国際記念物遺跡会議
- Integrity　完全性
- International Cooperation　国際協力
- IUCN　国際自然保護連合
- Juridical Data　法的データ
- Minor modifications to the boundaries　登録範囲の軽微な変更
- Monitoring　モニタリング（監視）
- Natural and Cultural Landscape　複合景観（自然・文化景観）
- Natural Heritage　自然遺産
- Periodic Reporting　定期報告
- Preserving and Utilizing　保全と活用
- Protected Areas　保護地域
- Reinforced Monitoring Mechanism　監視強化メカニズム
- Serial nomination　シリアル・ノミネーション（連続性のある）
- Significant modifications to the boundaries　登録範囲の重大な変更
- State of Conservation　保護状況
- Transboundary nomination　トランスバウンダリー・ノミネーション（国境をまたぐ）
- World Heritage　世界遺産
- World Heritage Committee　世界遺産委員会
- World Heritage Fund　世界遺産基金
- World Heritage in Danger　危機にさらされている世界遺産

カリブ海地域の国々

キューバ
首都ハバナにある世界遺産・モロ要塞からエントラーダ運河、大西洋方面を望む
写真：古田陽久

世界遺産ガイド－カリブ海地域編－

カリブ海地域の国々

世界遺産ガイド－カリブ海地域編－

カリブ海地域の国々

キューバ共和国
Republic of Cuba

国連加盟	1945年
ユネスコ加盟	1947年
世界遺産条約締約	1981年

独立年月日 1902年5月20日、アメリカより独立。
国旗 3本の青い線は独立時の3州を、白は国家の独立を、赤は独立闘争で流された血を、赤い三角形は自由・平等・博愛を表わす。
国歌 バヤモの歌
国花 ホワイトジンジャー
国鳥 キューバキヌバネドリ

面積 109,884平方Km（本州の約半分）
人口 約1,147万人（2016年：世銀）
首都 ハバナ
民族 ヨーロッパ系25%，混血50%，アフリカ系25%（推定）
言語 スペイン語
宗教 宗教は原則として自由
略史
 1898年　米西戦争
 1902年　独立
 1959年　フィデル・カストロ政権成立（キューバ革命）
 1961年　米国と外交関係断絶，ピッグズ湾事件
 1962年　キューバ危機
　　　　　米州機構（OAS）が対キューバ制裁決議（除名）
 1965年　キューバ共産党結成
 1998年　ローマ法王キューバ訪問
 1999年　第9回イベロアメリカ・サミット開催（ハバナ）
　　　　　エリアン少年事件
 2006年　フィデル・カストロ議長がラウル・カストロ国家評議会第一副議長に権限を暫定委譲
　　　　　非同盟運動諸国首脳会議開催（ハバナ）
 2008年　フィデル・カストロ議長が国家評議会議長職を辞す意向を表明
　　　　　ラウル・カストロ国家評議会議長就任
 2009年　オバマ米政権による対キューバ制裁緩和
 2011年　第6回共産党大会，フィデル・カストロ前議長が共産党第一書記退任，
　　　　　ラウル・カストロ議長が同第一書記就任
 2014年　ラテンアメリカ・カリブ諸国共同体（CELAC）首脳会合開催（ハバナ）
　　　　　米国との外交関係再構築に向けた議論開始を発表
 2015年　米国・キューバ首脳会談（パナマ，米州首脳会合）
　　　　　米国との外交関係再開，相互に大使館を設置
　　　　　ローマ法王キューバ訪問
 2016年　オバマ米大統領キューバ訪問
　　　　　フィデル・カストロ前国家評議会議長逝去
 2018年　ディアスカネル国家評議会議長就任
祝祭日
 1月1日　解放記念日
 5月1日　メーデー
 7月26日　モンカダ兵営襲撃（革命9記念日）
 10月10日　独立戦争開始記念日
 12月25日　クリスマス
政治体制・内政
政体 共和制（社会主義）
元首 ミゲル・ディアスカネル・ベルムデス国家評議会議長（閣僚評議会議長兼任）
議会 一院制（人民権力全国議会，605名），任期5年
経済
主要産業 観光業，農林水産業（砂糖，タバコ，魚介類），鉱業（石油，ニッケル等），医療・バイオ産業
GDP（名目値） 81,085百万ドル
一人当たりGDP 7,097ドル（2016年：ECLAC）
経済成長率 0.5%（2016年：国家統計局）

消費者物価上昇率　2.9%（2016年：国家統計局）
失業率　2.0%（2016年：国家統計局）
貿易総額
　(1)　輸出　2,317百万ペソ（2016年：国家統計局）
　(2)　輸入　10,270百万ペソ（2016年：国家統計局）
主要貿易品目
　(1)　輸出　鉱物（ニッケル），化学品・医療品，食料品（砂糖，水産養殖産品，魚介類），タバコ
　(2)　輸入　燃料類，機械・輸送機械，食料品，工業・化学製品
主要貿易相手国
　(1)　輸出　ベネズエラ，ブラジル，中国，スペイン，オランダ（2016年：国家統計局）
　(2)　輸入　中国，ベネズエラ，スペイン，ブラジル，メキシコ（2016年：国家統計局）
通貨　キューバ・ペソ及び兌換ペソ
為替レート　1兌換ペソ＝1米ドル（公式レート）＝24キューバ・ペソ（実勢レート）
経済概況
　(1)　ソ連・東欧圏の崩壊で，1990年代前半キューバ経済は大幅なマイナス成長を記録した。
　　　経済危機を克服するため，キューバ政府は部分的に市場原理に基づく経済改革を導入。
　　　その後キューバ経済は1995年以降から回復の兆しを見せ，1990年代後半の成長率は
　　　平均4.6%。一時，ベネズエラや中国との緊密な経済関係等を背景に高い成長率を
　　　記録したが（12.5%（2006年），7.5%（2007年）），国際的な経済危機及び
　　　ハリケーン被害等により成長率が急速に鈍化し，2009年以降は2～3%程度の成長率に
　　　留まっている。
　(2)　主要産業は観光業，農業（砂糖，タバコ），鉱業（ニッケル）等。最近は医療分野
　　　（眼科医の海外派遣）にも力を入れている。他方，国内では格差の拡大や腐敗等の問題が
　　　深刻化。
主要援助国
　(1)　米国（15.28）　(2)　スイス（11.34）　(3)　英国（6.52）　(4)　スペイン（5.43）　(5)　日本（5.31）
文化
　世界遺産　❶オールド・ハバナとその要塞システム　❷トリニダードとインヘニオス渓谷
　　　　　　❸サンティアゴ・デ・クーバのサン・ペドロ・ロカ要塞　❹ヴィニャーレス渓谷
　　　　　　❺デセンバルコ・デル・グランマ国立公園
　　　　　　❻キューバ南東部の最初のコーヒー農園の考古学的景観
　　　　　　❼アレハンドロ・デ・フンボルト国立公園　❽シェンフェゴスの都市歴史地区
　　　　　　❾カマグエイの歴史地区
　世界無形文化遺産　❶トゥンバ・フランセサ
　　　　　　❷キューバのルンバ，祝祭の音楽，ダンス，すべての関連する慣習の結合
　　　　　　❸プント　❹キューバ中央部におけるパランダスの祭り
　世界の記憶　❶『ホセ・マルティ・ペレス』の記録史料
　　　　　　❷キューバ映画芸術産業庁のラテン・アメリカのオリジナル・ネガ
　　　　　　❸ボリヴィアでのチェ・ゲバラの日記
　ゆかりの人物　ディエゴ・ベラスケス（1460～1524年），コロンブス（1451～1506年），
　　　　　　アーネスト・ヘミングウェイ（1899～1961年），支倉常長（1571～1622年）
大学　ハバナ大学，キューバ国立芸術大学
二国間関係
政治関係
　1929年12月21日　外交関係開設　　1952年11月21日　外交関係再開
経済関係
対日貿易（2017年：財務省貿易統計）
貿易額　輸出　15.56億円　輸入　47.20億円
主要品目　輸出　たばこ，魚介類（えびなど），非鉄金属鉱，コーヒー等
　　　　　輸入　電気機器（重電機器など），一般機械（事務用機器など），精密機器類（科学光学機器など）等
空港　ホセ・マルティ国際空港
在留邦人数　94人（2016年10月現在）　（参考）日系人約1,200人（1世～6世）
在日当該国人数　229名（2016年12月末現在）
駐日キューバ共和国大使館
〒106-0044　東京都港区東麻布1丁目28-4　電話：03-5570-3182
在キューバ日本国大使館
Centro de Negocios Miramar, Edi, 1-5 to. Piso, Ave. 3ra, Esq, a 80, Miramar, Playa, Habana, Cuba　(Apartado No. 752)　電話：(53-7) 204-3355 Fax：(53-7) 204-8902

カリブ海地域の国々

ジャマイカ
Jamaica

独立年月日 1962年8月6日に英国から独立。
国旗 1962年に英国から独立した際に制定された。緑は農業と天然資源を、黒は国民の強さと創造性を、黄は太陽の輝きと豊かさを象徴する。X型は聖アンドリュースの十字架で、キリストへの敬虔な信仰を表わす。
国歌 ジャマイカ、我々の愛する地
国樹 ユソウボク
国鳥 フキナガシハチドリ

国連加盟	1962年
ユネスコ加盟	1962年
世界遺産条約締約	1983年

面積 10,990平方Km（秋田県とほぼ同じ大きさ）（2017年 世銀）
人口 289万人（2017年 世銀）
首都 キングストン
民族 アフリカ系92.1%，混血6.1%，その他1.9%
言語 英語（公用語），ジャマイカ・クレオール語（いわゆる「パトワ語」を含む）
宗教 キリスト教（プロテスタント，英国国教会等）
略史
 1494年 コロンブスによるジャマイカ島「発見」
 1670年 英領植民地
 1944年 選挙による議会設置
 1957年 英国自治領となる
 1962年8月 独立（カリブ海英領植民地の中で最初）
祝日・祭日
 1月21日 初代バルバドス首相の誕生日
 4月28日 英雄の日
 5月1日 勤労感謝の日
 8月1日 解放記念日
 8月第1月曜 カドーメント・デー
 11月30日 独立記念日
政体 立憲君主制
元首 エリザベス二世女王
議会 二院制（上院21名，下院63名）
外交基本方針
 ○英連邦の一員として、アジア地域との関係促進を図る。
 ○非同盟諸国の一員として、途上国との関係強化に務める（2005年G77の議長国を務めた）。
 ○カリコム（カリブ共同体）では、「域外貿易交渉」担当の職責を担い外交面でのスポークスマン的役割を果たす。
経済（単位 米ドル）
主要産業
農業（コーヒー，砂糖，バナナ）鉱業（ボーキサイト及びアルミナ），製造業，建設業，金融・保険業
GNI 137.23億米ドル（2017年 世銀）
一人当たりGNI 4,750米ドル（2017年 世銀）
GDP成長率 0.7%（2014年），1.0%（2015年），1.4%（2016年），0.5%（2017年）（世銀）
インフレ率 3.7%（2015年），4.4%（2016年推定値），5.2%（2017年推定値），5.2%（2018年推定値）（IMF）
失業率 12.4%（2017年）（世銀（出典ILO））
総貿易額
 (1) 輸出 12億9,500万米ドル（2017年 WTO）

(2) 輸入　56億7,000万米ドル（2017年　WTO）
主要貿易品目
　(1) 輸出　アルミナ，ボーキサイト，砂糖，ラム酒，コーヒー，化学製品
　(2) 輸入　燃料，機械類・輸送機材，食料その他の消費財，建設資材
主要貿易相手国（2017年　WTO）
　(1) 輸出　米国，EU，カナダ，アイスランド，ロシア
　(2) 輸入　米国，EU，日本，中国，トリニダード・トバゴ
通貨　ジャマイカドル（J＄）
為替レート　1米ドル≒124.105J＄（2018年1月）
経済概況
・ジャマイカ経済は，サービス業がGDPの60％以上を占めている。外貨は，観光業，海外移住者からの送金，鉱業（ボーキサイト，アルミナ）に大きく依存している。世界的な金融危機と景気後退により，ボーキサイト・アルミナ価格が暴落し，また，観光客（約70％が米国から）が減少し，大きな影響を受けたが，近年，景気は改善回復しつつある。
・債務残高は，依然と高いレベルにあり，債務問題は引き続き重要課題の一つである。
日本の援助実績
　(1) 有償資金協力（2015年度まで，交換公文ベース）　　534.21億円
　(2) 無償資金協力（2015年度まで，交換公文ベース）　　20.79億円
　(3) 技術協力実績（2015年度まで，JICAベース）　　97億円
主要援助国（2015年　OECD/DAC）
　(1) 米国 (2) 英国 (3) カナダ (4) 日本 (5) ベルギー
文化
　世界遺産　　①ブルー・ジョン・クロウ山脈
　世界無形文化遺産　❶ムーアの町のマルーン遺産　❷ジャマイカのレゲエ音楽
　世界の記憶　❶英国カリブ領の奴隷の登記簿1817～1834年
　　　　　　　❷シルバー・メン：パナマ運河における西インド諸島労働者の記録
　　　　　　　❸西インド委員会コレクション
　ゆかりの人物　クリストファー・コロンブス、ウィリアム・ペン（イングランド海軍）、
　　　　　　　　ウサイン・ボルト、アサファ・パウエル
大学　西インド諸島大学
経済関係
対日貿易（2017年　財務省貿易統計）
　(1) 貿易額　対日輸出　17.5億円　対日輸入　288.4億円
　(2) 主要品目　対日輸出　コーヒー，蒸留酒等　対日輸入　自動車等
文化関係
文化無償協力　17件（うち草の根2件含む）　6.6億円
　（TV番組編集機材，視聴覚機材，音響照明機材等）
　JETプログラム，国費留学生の実績あり
　2014年10月　津軽三味線公演，ワークショップの開催
姉妹都市　ウェストモアランド県と鳥取県
空港　ノーマン・マンレー国際空港，サングスター国際空港
在留邦人数　187人（2017年10月現在）
在日当該国人数　814人（2018年6月現在）（総務省統計局）
駐日ジャマイカ大使館
〒106-0046　東京都港区元麻布2丁目13-1　　電話：03-3435-1861
在ジャマイカ日本国大使館
　NCB Towers, North Tower, 6th Floor, 2 Oxford Road, Kingston 5, Jamaica, W. I.
　(P. O. Box 8104, C. S. O. Jamaica.)
　電話：(1-876) 929-3338, 929-3339　Fax：(1-876) 968-1373

カリブ海地域の国々

ドミニカ共和国
Dominican Republic

独立年月日	1844年2月27日、ハイチより独立。
国旗	青は平和を、赤は独立のために流された尊い血を、白は自由を、十字はキリスト教への信仰心を表わす。中央の国章は、月桂樹とヤシに囲まれた旗の上に聖書と十字架が描かれており、国家の栄光を象徴する。
国歌	勇敢なるキスケージャよ
国花	バヤイベ・ローズ
国鳥	ヤシドリ

国連加盟	1945年
ユネスコ加盟	1946年
世界遺産条約締約	1985年

面積　48,442平方km（九州に高知県を合わせた広さ）
人口　約1,076万人（2017年：世銀）
首都　サントドミンゴ
民族　混血73％、ヨーロッパ系16％、アフリカ系11％
言語　スペイン語
宗教　カトリック
略史
　1492年　コロンブスによるイスパニョーラ島発見
　1697年　同島の西側が仏領となる（リスウィク平和条約）
　1795年　仏西戦争の結果全島が仏領となる
　1804年　ハイチとして仏より独立
　1814年　パリ条約で東側はスペイン領となる
　1822年　ハイチ軍による占領（～1844年）
　1844年　ハイチから独立
　1861～1865年　スペインに合併
　1916～1924年　米国による軍事占領
　1930～1961年　トルヒーリョ将軍による独裁
　1961年　バラゲールを首班とする国家評議会成立
　　　　　その後クーデターにより軍事評議会成立
　1963年　総選挙を経てボッシュ大統領就任
　1965年　政府軍と反政府軍の武力衝突が発生（米国等派兵）
　1966年　バラゲール大統領就任（1970年、1974年再任）
　1978年　グスマン大統領就任
　1982年　ブランコ大統領就任
　1986年　バラゲール大統領就任（1990年、1994年再任）
　1996年　フェルナンデス大統領就任
　2000年　メヒーア大統領就任
　2004年　フェルナンデス大統領就任（2008年再任）
　2012年　メディーナ大統領就任（2016年再任）
政体　立憲共和制
元首　ダニーロ・メディーナ・サンチェス大統領（2012年8月～2020年8月、任期4年、二期目）
議会　二院制（上院32名、下院190名）、任期4年
外交基本方針
　(1) 対米重視、EUと協調関係維持。
　(2) カリブ諸国連合（ACS）の原加盟国、中米統合機構（SICA）加盟国
　　　（2013年10月正式加盟、カリブ共同体（CARICOM）オブザーバー）。
経済
主要産業　観光業、農業、鉱業、繊維加工、医療用品製造、サービス業（コールセンター等）
名目GDP　76,038.1百万ドル（2017年：中銀）
一人当たりGDP　7,477.3ドル（2017年：中銀）
経済成長率　4.6％（2017年：中銀）
物価上昇率　4.20％（2017年：中銀）
失業率　13.3％（2016年：中銀）

総貿易額
(1) 輸出（FOB）10,120.7百万ドル（2017年：中銀）　(2) 輸入（FOB）17,700.3百万ドル（2017年：中銀）

主要貿易品目
(1) 輸出　鉱物（フェロニッケル，金，銀），医療機器（輸血用器具など），葉巻，電気機器（電流遮断機），カカオ，綿Tシャツ，綿布
(2) 輸入　石油・石油関連品，天然ガス，医薬品，携帯電話，そら豆，バッテリー，ポリエチレン

主要貿易相手国
(1) 輸出　米国，ハイチ，カナダ，プエルトリコ，ドイツ，中国，オランダ，インド，英国
(2) 輸入　米国，中国，ベネズエラ，メキシコ，ブラジル，バハマ，スペイン，パナマ，コロンビア

通貨　ドミニカ・ペソ（DOP）

為替レート　1米ドル＝47.49ペソ（2017年平均）

外貨準備高　6,780百万ドル（2017年：中銀）

対外公的債務　19,124.4百万ドル（2017年：中銀）

経済概況
(1) 従来，砂糖，コーヒー，カカオ，タバコ等伝統的一次産品の輸出国であったが，1990年以降，自由貿易地域（フリーゾーン）からの繊維等軽工業品の輸出が増加。また，観光業は外国投資の誘致及びインフラ整備の進展により発展。2017年の外国人観光者は約730万人。観光収入は約72億ドル。主要外貨獲得源は，上記に加え，海外に居住するドミニカ共和国人（約140万人）からの海外送金（約59億ドル）。

経済協力
日本の援助実績
(1) 有償資金協力（2016年度までの累計，交換公文ベース）　315.80億円
(2) 無償資金協力（2016年度までの累計，交換公文ベース）　268.01億円
(3) 技術協力実績（2016年度までの累計，JICA経費実績ベース）　342.49億円

主要援助国
(1) フランス（205.27）　(2) 米国（35.48）　(3) 韓国（16.87）
(4) スペイン（11.78）　(5) 日本（9.49）

文化
　世界遺産　❶サント・ドミンゴの植民都市
　世界無形文化遺産　❶ヴィラ・メラのコンゴの聖霊兄弟会の文化的空間
　　　　　　　　　　❷ココロの舞踊劇の伝統　❸ドミニカ・メレンゲの音楽・舞踊
　世界の記憶　➊奴隷の洗礼に関する本（1636〜1670年）
　　　　　　　➋ドミニカ共和国における人権の抵抗と闘争に関する記録遺産（1930〜1961年）
　ゆかりの人物　クリストファー・コロンブス，バルトロメ・コロン，ウリセス・ウーロー，マヌエル・デ・ヘスス・ガルバン，サミー・ソーサ，アルバート・プホルス

経済関係
対日貿易（2017年：財務省貿易統計）
(1) 貿易額　輸出　105.19億円　輸入　296.80億円
(2) 主要品目　輸出　科学光学機器，電気機器，医薬品，はき物等
　　　　　　　輸入　輸送用機器（自動車など），精密機器（科学光学機器），中古乗用車等

文化関係
　一般文化無償　資金協力　19件　計7.65億円
　草の根文化無償　資金協力　5件　計4,218万円　（ともに2016年度までの累計）

空港　ラス・アメリカス国際空港

在留邦人数　771人（2017年10月現在）　（参考）日系人約800人

在日ドミニカ共和国人数　519人（2017年12月末現在：法務省）

駐日ドミニカ共和国大使館
〒106-0031　東京都港区西麻布4丁目12-24　第38興和ビルディング9階904号室　電話：03-3499-6020

在ドミニカ共和国日本国大使館
Av. Winston Churchill, #1099 Torre Citigroup, Piso 21, Acropolis Center Ensanche Piantini, Santo Domingo Republica Dominicana (P. O. BOX 9825)
電話：(1-809) 567-3365　Fax：(1-809) 566-8013

トリニダード・トバコ共和国
Republic of Trinidad and Tobago

独立年月日　1962年8月31日、イギリスより独立。
国旗　赤は国土と国民の活力・および太陽を、黒は献身・団結・力と富を、白は海・平等・向上心を意味する。また、2本の白線はそれぞれトリニダート島とトバゴ島を表わすと同時に、全国民の平等を象徴する。

国連加盟	1962年
ユネスコ加盟	2005年
世界遺産条約締約	2005年

国歌　Forged From The Love of Liberty
国花　ヘリコニア(チャコニア)
国鳥　ハチドリ

面積　5,130平方km（千葉県よりやや大きい）（2017年　世銀）
人口　136.9万人（2017年　世銀）
首都　ポート・オブ・スペイン
民族　インド系（35.4%），アフリカ系（34.2%），混血（23%），その他（7.5%）
言語　英語（公用語），ヒンディー語，フランス語，スペイン語，トリニダード・クレオール語等
宗教　キリスト教（カトリック，英国国教会等），ヒンドゥー教，イスラム教等
略史
　1498年コロンブスによるトリニダード島「発見」
　1596年英国人によるトバゴ島発見
　1889年英国植民地（トリニダード島，トバゴ島合併）
　1956年英国自治領
　1962年独立
　1976年共和制に移行
　1986年総選挙，国家再建連合党（NAR）政権誕生
　（人民国家運動党（PNM）の独立以来の長期政権終了）
　1991年PNM政権復活
　1995年統一国民会議（UNC）とNARの連立政権誕生
　2001年UNCとPNMが同議席獲得により，野党PNM党首を首相任命
　2002年総選挙によりPNM勝利
　2007年総選挙によりPNM勝利
　2010年総選挙により野党連合「人民のパートナーシップ」勝利，新政権誕生
　2015年総選挙によりPNM勝利，新政権誕生
祝祭日
　1月1日　元日　　2月～3月　カーニバル　　移動祝祭日　復活祭　　3月30日　　移動祝祭日
　5月30日　インド人到達の日　　6月19日　労働者の日　　8月1日　解放記念日
　8月31日　独立記念日　　9月24日　共和国記念日　　移動祝祭日　エイド・ウル・フィトル
　移動祝祭日　ディーワーリー　　12月25日　クリスマス　　12月26日　ボクシング・デー
政治体制・内政
政体　立憲共和制
元首　ポーラ＝メイ・ウィークス大統領（2018年3月～，第六代目）
議会　二院制（上院（31議席，任命制），下院（41議席））
外交・国防
外交基本方針
　(1) 米国，英連邦（トリニダード・トバゴは加盟国）及びカリブ共同体（CARICOM）諸国との関係強化を重視。ラテンアメリカ諸国，アフリカ諸国及びBRICs諸国との関係強化にも努めている。
　(2) 中国，キューバ，韓国，北朝鮮とも外交関係を有する。
経済
主要産業　エネルギー産業（石油・石油製品，天然ガス，メタノール，アンモニア，尿素），鉄鋼製品，食料品，セメント
GNI　210億2,300万米ドル（2017年　世銀）
一人当たりGNI　15,350米ドル（2017年　世銀）

GDP成長率 -0.6％（2015年），-2.3％（2016年），-2.3％（2017年）（世銀）
インフレ率 4.7％（2015年），4.8％（2016年推定値），5.3％（2017年推定値），5.4％（2018年推定値）（IMF）
失業率 4.8％（2017年）（世銀（ILO出典））
総貿易額 (1) 輸出 70億米ドル（2017年 WTO）
　(2) 輸入 59億米ドル（2017年 WTO）
主要貿易品目
　(1) 輸出 鉱物・燃料，化学製品，工業製品，食品
　(2) 輸入 鉱物・燃料，工業製品，輸送機器，食品
主要貿易相手国（2015年 WTO）
　(1) 輸出 米国，EU，アルゼンチン，コロンビア
　(2) 輸入 米国，ガボン，EU，中国
通貨 トリニダード・トバゴ・ドル（TTドル）
為替レート 1米ドル＝6.7TTドル（2018年1月）
経済協力
日本の援助実績（累計）
　(1) 有償資金協力（2016年度まで，交換公文ベース）　なし
　(2) 無償資金協力（2016年度まで，交換公文ベース）　2.12億円
　(3) 技術協力実績（2016年度まで，JICAベース）　32.90億円
文化
　世界遺産　無し
　世界無形文化遺産　無し
　世界の記憶　❶デレック・ウォルコットのコレクション
　　　　　　❷エリック・ウィリアムズのコレクション
　　　　　　❸シリル・ライオネル・ロバート・ジェームズのコレクション
　　　　　　❹英国カリブ領の奴隷の登記簿1817～1834年
　　　　　　❺コンスタンティンのコレクション
　　　　　　❻インド系契約労働者の記録
ゆかりの人物 クリストファー・コロンブス，ジョン・ジェイコブ・トマス，
　　　　　　エリック・ウィリアムズ，ミシェル・ジャン・キャサボン
大学　西インド諸島大学
二国間関係
政治関係
　我が国は独立と同時に承認，1964年5月外交関係開設。1979年，我が国大使館を開設。トリニダード・トバゴ側は1971年以来在インド大使館が日本を兼轄。
経済関係
対日貿易
　(1) 貿易額（2017年　財務省統計）
　　　　対日輸出　134.7億円　対日輸入　227.5億円
　(2) 主要品目
　　　　対日輸出　有機化合物，LNG　対日輸入　自動車
文化関係
　JETプログラム，国費留学生の実績あり
　日本文化祭（西インド諸島大学）
　和食デモンストレーション・邦楽公演（琴・和太鼓）
　2014年10月　和太鼓コンサートを開催
空港　ピアルコ国際空港、クラウン・ポイント空港
在留邦人数　75人（2017年10月現在）
在日当該国人数　127人（2018年6月現在）（法務省）
在トリニダード・トバゴ日本国大使館
　5 Hayes Street, St.Clair, Port of Spain, Trinidad and Tobago, W.I. (P.O. Box 1039)
　電話：(1-868) 628-5991 Fax：(1-868) 622-0858

カリブ海地域の国々

バルバドス
Barbados

独立年月日　1966年11月30日
国旗　青はカリブ海と太平洋を、黄は富を表わす。中央の絵柄は、歴史的・政治的束縛からの解放を象徴する海神の三叉の鉾。
国連加盟　1966年
ユネスコ加盟　2002年
世界遺産条約締約　2002年
国歌　豊かな時も、いざという時も
国の標語　Pride and Industry（誇りと勤勉）
国花　オオゴチョウ

面積　430平方Km（種子島とほぼ同じ）（2017年　世銀）
人口　28.6万人（2017年　世銀）
首都　ブリッジタウン
民族　アフリカ系（92.4%），混血（3.1%），白人系（2.7%），東インド系（1.3%），その他
言語　英語（公用語）
宗教　キリスト教（英国国教会，プロテスタント，カトリック），その他
略史
　1627年　英国植民地
　1652年　英国直轄領
　1951年　普通選挙制施行
　1961年　英国自治領
　1966年　独立
政治体制・内政
政体　立憲君主制
元首　エリザベス二世女王
議会　二院制（上院21名，下院30名）
外交・国防
外交基本方針
　(1) カリブ共同体（CARICOM）域内国との協調が基軸。
　(2) 米，加との関係を重視しつつ，英国を中心に欧州諸国とも友好関係維持。
　(3) キューバ，中国，北朝鮮とも国交を有する。
経済（単位　米ドル）
主要産業　観光業，軽工業，農業（砂糖）
GNI　44億3,900万米ドル（2017年　世銀）
一人当たりGNI　15,540米ドル（2017年　世銀）
GDP成長率　0.2%（2014年），0.9%（2015年），2.0%（2016年），1.7%（2017年）（世銀）
インフレ率　1.9%（2014年），-1.1%（2015年），1.5%（2016年），4.4%（2017年），2.5%（2018年予測値）（IMF）
失業率　9.7%（2017年）（世銀（出典ILO））
総貿易額
　(1) 輸出4億4,000万米ドル（2017年）　(2) 輸入16億9,500万米ドル（2017年）（WTO）
主要貿易品目
　(1) 輸出石油製品，アルコール飲料（蒸留酒），薬剤，矯正装具，宝飾品類部品（2017年）
　(2) 輸入石油製品，自動車，薬剤，データ自動処理機，その他加工食品（2017年）（WTO）
主要貿易相手国
　(1) 輸出米国，EU，トリニダード・トバゴ，ジャマイカ，ガイアナ（2017年）
　(2) 輸入米国，トリニダード・トバゴ，EU，中国，日本（2017年）（WTO）
通貨　バルバドス・ドル（BD.＄）
為替レート　1米ドル＝2.0BD.＄（固定相場制）

経済概況
観光産業を中心とする経済構造。
経済協力
日本の援助実績（累計）
　有償資金協力（2016年度まで，交換公文ベース）　　なし
　無償資金協力（2016年度まで，交換公文ベース）　1.10億円
技術協力実績（2016年度まで，JICAベース）　12.85億円
文化
　世界遺産　❶ブリッジタウンの歴史地区とその駐屯地
　世界無形文化遺産　無し
　世界の記憶　❶カリブの奴隷にされた人々の記録遺産　❷西インド連邦のアーカイヴスの記録史料
　　　　　　　❸ニータ・バロウのコレクション
　　　　　　　❹シルバー・メン：パナマ運河における西インド諸島の労働者の記録
　　　　　　　❺西インド委員会の報告書　❻バルバドス発祥のアフリカの歌、或は、詠唱
　ゆかりの人物　ホレーショ・ネルソン（初代ネルソン子爵）、グラントリー・ハーバート・アダムズ、
　　　　　　　　リアーナ － シンガー
　大学　西インド諸島大学
二国間関係
経済関係
対日貿易（2017年　財務省貿易統計）
（1）貿易額　対日輸出　762万円　対日輸入　102億5,165万円
（2）主要品目
　　　対日輸出　アルコール飲料（蒸留酒），バッグ類
　　　対日輸入　船舶類（貨物船），自動車（中古乗用車），自動車の部分品
文化関係
1989年10月 日本舞踊公演（国際交流基金事業）　1990年日本カレンダー展　1991年9月邦楽公演
1993年11月生花デモンストレーション　1996年11月邦楽公演1997年9月江崎玲於奈筑波大学長による講演　2000年8月江戸凧，独楽ワークショップ　2004年11月和太鼓公演　2007年11月古武道デモンストレーション（外交樹立40周年記念行事）　2013年1月和太鼓公演　2016年3月和太鼓公演　2016年12月日本カレンダー展　2017年9月日本人アニメ専門家による講演　2018年1月日本カレンダー展　2018年10月盆栽・折り紙展，折り紙ワークショップ
空港　グラントレー・アダムス国際空港
在留邦人数　29人（2018年10月）
在日当該国人数　34人（2018年6月）（法務省）
在バルバドス日本国大使館
Building 2, Ground Floor Chelston Park, Collymore Rock, St. Michael, Barbados
電話：+1-246-538-5700　FAX：+1-246-538-5701

セントルシア
Saint Lucia

国連加盟	1979年
ユネスコ加盟	1991年
世界遺産条約締約	1991年

独立年月日 1979年2月22日
国旗 1967年に制定された国旗。三角形はセントルシア島、青は大西洋とカリブ海、黒と白は黒人と白人の団結と労働、黄は太陽と国土を象徴する。
国歌 Sons and Daughters of St. Lucia
国花 バラ Rose マルグリット
国鳥 イロマジリボウシインコ（セントルシア・アマゾン）

面積 620平方Km（淡路島とほぼ同じ）（2017年 世銀）
人口 17.9万人（2017年 世銀）
首都 カストリーズ
民族 アフリカ系（85.3%），混血（10.9%），東インド系（2.2%），その他
言語 英語（公用語），セントルシア・クレオール語
宗教 キリスト教（カトリック，プロテスタント，英国国教会等）等
略史
　1814年　英国植民地
　1958年～1962年　英領西インド諸島連邦に加盟
　1967年　英国自治領
　1979年　独立
祝祭日
　1月1日　元旦
　2月22日　独立記念日
　4月22日　復活の月曜日
　5月1日　労働者の日／メーデー
　6月10日　聖霊降臨祭の月曜日
　8月1日　奴隷解放の日
　10月7日　感謝祭
　12月13日　ナショナルデー
　12月25日　クリスマス
　12月26日　ボクシングデー
政体 立憲君主制
元首 エリザベス二世女王
議会 二院制（上院11名（選任議員），下院17名（選出議員））
外交・国防
外交基本方針
　(1) 東カリブ諸国機構（OECS）諸国，バルバドス，米・英を中心とする欧米諸国との関係強化。
　(2) カリブ共同体（CARICOM），OECS加盟国（中央事務局セントルシア）
　(3) 台湾承認国であったが，SLP政権下の1997年9月中国と外交関係開設。UWP政権下の2007年4月に台湾と外交関係回復。2011年にSLP政権へ，2016年に再びUWPへ政権交代があったものの，現在まで関係を維持している。
経済
主要産業 農業（バナナ，ココナツ），観光業
GNI 15億7,100万米ドル（2017年 世銀）
一人当たりGNI 8,780米ドル（2017年 世銀）
GDP成長率 0.4%（2014年），1.9%（2015年），0.9%（2016年），2.7%（2017年）（世銀）
インフレ率 3.5%（2014年），-1.0%（2015年），-1.0%（2016年推定値），3.2%（2017年推定値），2.8%（2018年推定値）（IMF）

失業率 22.7%（2014年），24.1%（2015年），21.3%（2016年），21.0%（2017年）（世銀（ILO出典））
総貿易額
（1）輸出1億1,500万米ドル（2017年　WTO）（2）輸入6億6,000万米ドル（2017年　WTO）
主要貿易品目
（1）輸出バナナ，衣類，ココア，アボカド，マンゴー，ココナッツ油
（2）輸入燃料，食料品，機械，輸送機器，化学製品
主要貿易相手国（2016年　WTO）
（1）輸出米国，EU，トリニダード・トバゴ，バルバドス
（2）輸入米国，トリニダード・トバゴ，EU，日本
通貨　東カリブ・ドル（EC＄）
為替レート　1米ドル＝2.7EC＄（固定相場制）
経済概況
　伝統的産品であるバナナの輸出を中心とした農業と観光業に依存する経済。ハリケーン等の自然災害や国際市場の価格変動により，バナナの生産量が落ち込んだ結果，観光業を中心とした経済への移行を進め，順調な経済成長を遂げた。2008年後半から，世界的経済不況により，外国投資が激減し，経済が低迷。
　2016年12月，シャスネ首相が，2017年2月1日より付加価値税（VAT）を15%から12.5%に引き下げることを発表した。
経済協力
日本の援助実績（累計）
（1）有償資金協力（2016年度まで，交換公文ベース）　なし
（2）無償資金協力（2016年度まで，交換公文ベース）　74.91億円
（3）技術協力実績（2016年度まで，JICAベース）　30.92億円
主要援助国（2015年　OECD/DAC）
（1）日本（2）フランス（3）英国（4）韓国（5）オーストラリア
文化
　世界遺産　ピトン管理地域
　世界無形文化遺産　無し
　世界の記憶　無し
ゆかりの人物　クリストファー・コロンブス、デレック・ウォルコット
二国間関係
政治関係
　1979年2月22日独立後，日本は同年3月9日これを承認。
　1980年1月11日外交関係開設，1981年より日本側は在トリニダード・トバゴ大使館が同国を兼轄。セントルシアは駐日大使館を設置していない。
経済関係
（1）対日貿易（2017年　財務省貿易統計）
　（ア）貿易額　対日輸出　700万円対日輸入　14.6億円
　（イ）主要品目　対日輸出　非金属鉱物製品対日輸入　自動車
（2）日本からの直接投資なし
文化関係
文化無償協力　2件（音響・照明機材）（1990年度，1996年度）
空港　ヘウノラ国際空港
在留邦人数　29名（2017年10月）
在日当該国人数　4名（2018年6月）（法務省）
二国間条約・取極
1994年8月　青年海外協力隊派遣取極

世界遺産ガイドーカリブ海地域編ー

ハイチ共和国
Republic of Haiti

独立年月日　1804年1月1日、フランスから独立。
国旗　国章は「自由の帽子」を載せたヤシの木と、その下に伝説の勝利品である「団結は力なり」と書かれたリボンのほか、大砲や太鼓、トランペットなどが描かれている。地色の青はアフリカ系黒人を赤は黒人と白人の混血を表している。
国歌　ラ・デサリニエンヌ
国花　ダイオウヤシ
国鳥　ヒスパニオラキヌバネドリ

国連加盟	1945年
ユネスコ加盟	1980年
世界遺産条約締約	1980年

面積　27,750平方Km（北海道の約1/3程度の面積）（世銀）
人口　1,098.1万人（2017年　世銀）
首都　ポルトープランス
民族　アフリカ系（95%），その他（5%）
言語　フランス語，ハイチ・クレオール語（共に公用語）
宗教　キリスト教（カトリック，プロテスタント等），ブードゥー教等
略史
1492年　コロンブスのイスパニョーラ島発見
1697年　フランス領となる
1804年　独立
1915年～1934年　米国による軍事占領
1957年9月　F.デュバリエ政権誕生（1964年以降終身大統領）
1971年4月　J.C.デュバリエ（F.デュバリエの子息）大統領就任
1986年2月　J.C.デュバリエ大統領ハイチ出国
1987年4月　民主憲法発布
1991年2月　アリスティッド政権成立
1991年9月　軍事クーデター，アリスティッド大統領国外脱出
1993年6月　国連安保理制裁開始（8月末に一時停止）
1993年7月　アリスティッド大統領の帰国に向け合意成立
1993年10月　国連安保理制裁再開
　　　　　　（6月に実施，8月末に停止されていたもの）
1994年5月　国連安保理制裁強化（全面禁輸等）
1994年7月　国連安保理，加盟国に多国籍軍創設を認める決議を採択
1994年9月　カーター合意により軍指導部は退陣に合意。多国籍軍，展開
1994年10月　アリスティッド大統領帰国
1995年3月　多国籍軍が国連ハイチ・ミッション（UNMIH）に移行
1996年2月　プレヴァル大統領就任
1997年11月　国連ハイチ・ミッション（UNMIH）がハイチから撤退
2001年2月　アリスティッド大統領就任（2期目）
2004年2月　武装勢力の活動先鋭化，アリスティッド大統領国外脱出，
　　　　　　アレクサンドル暫定大統領就任，多国籍軍展開（安保理決議1529）
2004年4月　多国籍軍が国連ハイチ安定化ミッション（MINUSTAH）に6月から
　　　　　　移行（安保理決議1542）
2004年7月　対ハイチ支援会合開催（於：ワシントンDC）
2006年5月　プレヴァル大統領就任（2期目），国会設置・開会
2006年7月　対ハイチ支援会合開催（於：ポルトープランス）
2009年4月　対ハイチ支援国会合開催（於：ワシントンDC）
　　　　　　国際社会は今後約2年間の支援として約350百万ドルをプレッジ。
2010年1月　ハイチ地震発生を受け，国連安保理は国連ハイチ安定化ミッション（MINUSTAH）
　　　　　　の増員（3,500名）を決定（安保理決議1908）
2010年1月　ハイチに関する閣僚級会合（於：モントリオール（カナダ））
2010年3月　ハイチ支援国会合（於：ニューヨーク国連本部）
　　　　　　国際社会は合計約53億米ドルをプレッジ。
2011年5月　マルテリー大統領就任
2015年8月　国会議員選挙（第1回）実施
2015年10月　大統領選挙（第1回）及び国会議員選挙（第2回）実施
2016年11月　2015年の選挙のやり直しとして，大統領選挙（第1回）等を実施
2017年2月　モイーズ大統領就任

カリブ海地域の国々

2017年10月 国連ハイチ安定化ミッション（MINUSTAH）から国連ハイチ司法支援ミッション（MINUJUSTH）への移行。
政体 立憲共和制
元首 ジョヴネル・モイーズ大統領（2017年2月就任，任期5年間）
議会 二院制（上院30議席，下院119議席）
政府
 (1) 首相名ジャン・アンリ・セアン (2) 外相名ボシット・エドモン
対外関係
 (1) 主要支援国である米国，カナダ，フランス等との関係を重視。
 (2) 1996年2月，キューバと国交を回復。2002年7月，カリブ共同体（CARICOM）に加盟。
 (3) ラテンアメリカ・カリブ共同体（CELAC）メンバー
 (4) 治安維持，選挙監視等の分野で国連及びOASの役割・協力に依存。
 (5) 台湾承認国。
経済（単位 米ドル）
主要産業 宿泊・飲食業，農林水産業，建設業・公共事業，軽工業，運輸・通信業，その他サービス業（2015年GDPに占める割合，IHSI）
GNI 83億8,100万米ドル（2017年 世銀）
一人当たりGNI 760米ドル（2017年 世銀）
GDP成長率 1.7%（2015年），1.4%（2016年），1.2%（2017年）（世銀）
インフレ率 3.9%（2014年），7.5%（2015年），13.3%（2016年推定値），9.1%（2017年推定値），5.9%（2018年推定値）（IMF）
総貿易額 (1) 輸出9億8,000万米ドル（2017年 WTO）
    (2) 輸入35億5,200万米ドル（2017年 WTO）
主要貿易品目
 (1) 輸出衣類，加工品，カカオ，マンゴー，コーヒー
 (2) 輸入食料品，加工品，機械・輸送機器，燃料，鉱物原料
主要貿易相手国
 (1) 輸出未詳 (2) 輸入未詳
通貨 グルド
為替レート 1米ドル≒63.4グルド（2018年1月）
経済協力（単位 億円）
 (1) 有償資金協力（2016年度まで，交換公文ベース）なし
 (2) 無償資金協力（2016年度まで）495.21億円
 (3) 技術協力実績（2016年度まで，JICA経費実績ベース）35.43億円
主要援助国（2015年，OECD／DAC）
 (1) 米国 (2) カナダ (3) フランス (4) 日本 (5) スイス
文化
 世界遺産 ❶シタデル、サン・スーシー、ラミエール国立歴史公園
 世界無形文化遺産 無し
 世界の記憶 ❶オデッテ・ムネソン・リゴー・ホールディングス
ゆかりの人物 トゥーサン・ルーヴェルチュール、ジャン・ジャック・デサリーヌ
経済関係
 (1) 対日貿易（ア）貿易額（2017年 財務省貿易統計）
     対日輸出 3.32億円 対日輸入 58.2億円
   （イ）主要品目 対日輸出 衣類及び同附属品 対日輸入 自動車
空港 トゥーサン・ルーヴェルチュール国際空港
在留邦人数 32名（2017年10月現在）
在日当該国人数 36名（2017年12月現在）（法務省）
駐日ハイチ共和国大使館
〒106-0031 東京都港区西麻布4丁目12-24 第38興和ビルデング9階906号室 電話：03-3486-7096
在ハイチ日本国大使館（兼勤）
HEXAGONE 2F, Angle Rues Clerveaux et Darguin, Petion-Ville, Haiti
電話：+509-2256-5885, +509-2256-3333 ファックス：+509-2256-9444

カリブ海地域の国々

アンティグア・バーブーダ
Antigua and Barbuda

国連加盟	1981年
ユネスコ加盟	1983年
世界遺産条約締約	1983年

独立年月日　1981年11月1日
国旗　黄金の太陽は新時代の始まりを、赤は奴隷であった先祖の活力と
　　　国民の力強さを、青は希望を、黒は農場とアフリカ人の遺産を象徴。
国歌　麗しきアンティグア、我ら汝に敬礼せん
国花　アグレイヴ・カラット
国鳥　アメリカグンカンドリ

面積　440平方Km（種子島とほぼ同じ）（2017年　世銀）
人口　10.2万人（2017年　世銀）
首都　セントジョンズ
民族　アフリカ系（87.3%），混血（4.7%），ヒスパニック系（2.7%），白人系（1.6%），その他（3.6%）
言語　英語（公用語），アンティグア・クレオール語
宗教　キリスト教（英国国教会，プロテスタント，カトリック等），その他
略史
　1493年　コロンブスによりアンティグア「発見」
　1632年　アンティグアが英国植民地となる
　1666年　バーブーダが英国植民地となる
　1667年　アンティグアが英国領となる
　1860年　アンティグアとバーブーダの統合
　1951年　普通選挙導入
　1956年　内閣制度の導入
　1958年　英領西インド諸島連邦に加盟（同連邦は1962年解体）
　1967年　英国自治領
　1981年　独立
政体　立憲君主制
議会　二院制（上院17名，下院17名）
外交基本方針
　(1) 親米・英の穏健外交路線。カリブ共同体（CARICOM）東カリブ諸国機構（OECS）との関係重視。
　(2) 英連邦の一員であり，CARICOM，カリブ諸国連合（ACS），OECS加盟国。
　(3) 中国・北朝鮮と外交関係を有する。
経済
主要産業　観光業，建設業，軽工業（衣料品，アルコール，家電等）
GNI　14億4,600万米ドル（2017年　世銀）
一人当たりGNI　14,170米ドル（2017年　世銀）
GDP成長率　3.7%（2015年），5.3%（2016年），3.3%（2017年）（世銀）
インフレ率　1.1%（2014年），1.0%（2015年推定値），1.4%（2016年推定値），1.8%（2017年推定値），2.4%（2018年推定値）（IMF）
総貿易額
　(1) 輸出3,500万米ドル（2017年　WTO）　(2) 輸入6億2,000万米ドル（2017年　WTO）
主要貿易品目
　(1) 輸出石油製品，機械，輸送機器，工業製品，食料・動物
　(2) 輸入食料・動物，工業製品，輸送機器，加工製品，化学品，石油

主要貿易相手国（2017年　WTO）
（1）輸出EU，バミューダ，米国，ドミニカ国，セントクリストファー・ネーヴィス
（2）輸入米国，EU，中国，日本，トリニダード・トバゴ
通貨　東カリブ・ドル（EC＄）
為替レート　1米ドル＝2.7EC＄（固定相場制）
経済概況
経済協力
日本の援助実績（累計）
（1）有償資金協力（2016年度まで，交換公文ベース）なし
（2）無償資金協力（2016年度まで，交換公文ベース）61.19億円
（3）技術協力実績（2016年度まで，JICAベース）　9.03億円
主要援助国（2015年　OECD/DAC）
（1）日本（2）韓国（3）オーストラリア（4）イタリア
文化
　世界遺産　❶アンティグア海軍造船所と関連考古学遺跡群
　世界無形文化遺産　無し
　世界の記憶　無し
ゆかりの人物　クリストファー・コロンブス、ジャメイカ・キンケイド
二国間関係
政治関係
1981年11月1日の独立後，日本は同月6日これを承認。
1982年10月4日外交関係樹立。1984年より日本側は在トリニダード・トバゴ大使館が同国を兼轄。アンティグア・バーブーダは，1997年7月，駐日大使（ノンレジデント）を任命。1997年5月駐日名誉領事館を設置。
経済関係
（1）対日貿易（2017年　財務省貿易統計）
　　（ア）貿易額対日輸出　なし対日輸入　16.4億円
　　（イ）主要品目対日輸出　なし対日輸入　自動車
（2）日本からの直接投資未詳
文化関係
　日本文化紹介派遣　凧・独楽デモンストレーション，2000年
空港　ヴェア・コーンウォール・バード国際空港
在留邦人数　7名（2017年10月）
在日当該国人数　7名（2018年6月）（法務省）
二国間条約・取極
2006年　技術協力協定
駐日アンティグア・バーブーダ大使館・総領事館
在東京アンティグア・バーブーダ名誉領事館
〒141-0031　東京都品川区西五反田2-19-3　第一生命ビル8階　山銀通商株式会社内
　電話：03-3779-1341

世界遺産ガイドーカリブ海地域編ー

国連加盟	1983年
ユネスコ加盟	1986年
世界遺産条約締約	1986年

セントクリストファー・ネービス
Saint Christopher and Nevis

独立年月日　1983年9月19日
国旗　緑は豊かな国土、黄は陽光、黒は祖先、赤は植民地主義と隷属の打破、
　　　星は自由と希望の象徴。2つの星が並んでいるのは、
　　　セントクリストファー島(セントキッツ島)とネイビス島を表わしている。
国歌　　Oh Land of Beauty!
国花　　ホウオウボク、オオゴチョウ

面積　260平方km（西表島とほぼ同じ）（2017年　世銀）
人口　5.5万人（2017年　世銀）
首都　バセテール
民族　アフリカ系（92.5％），混血（3.0％），白人系（2.1％），東インド系（1.5％），その他
言語　英語（公用語）
宗教　キリスト教（英国国教会，プロテスタント，カトリック等）等
略史
　1493年　コロンブスにより「発見」
　1623年　英国植民地
　1958年　英領西インド諸島連邦に加盟（1962年迄）
　1967年　英国自治領
　1983年　独立
政治体制・内政
政体 立憲君主制
元首 エリザベス二世女王
議会 一院制（14名）
政府
（1）　首相名　ティモシー・ハリス
（2）　外相名　マーク・アンソニー・G・ブラントリー
内政
（1）独立前の1980年の総選挙以来，シモンズ氏を首班とする国民行動党（PAM）とネーヴィス改革党（NRP）の連立政権。
（2）1993年11月の総選挙では与野党同数となりシモンズ首相は再任したが，与野党対立が激化。
（3）1995年7月3日，総選挙が実施され，セントキッツ・ネーヴィス労働党（SKNLP）が勝利し，シモンズ首相は落選。SKNLPのダグラス党首が首相に就任した。
2000年3月，2004年10月，2010年1月に行われた総選挙において何れもダグラス首相率いるSKNLPが勝利。ダグラス首相は4期務めた。
（4）2015年2月に行われた総選挙において，野党連合「チーム統一」（TU）が勝利し，ハリスTU代表が首相に就任。
外交・国防
外交基本方針
（1）親米・英の穏健外交路線
（2）英連邦の一員であり，カリブ共同体（CARICOM），カリブ諸国連合（ACS），東カリブ諸国
経済（単位　米ドル）
主要産業　観光業，製造業（衣類，履物など）
GNI 8億8,700万米ドル（2017年　世銀）
一人当たりGNI 16,030米ドル（2017年　世銀）
GDP成長率 6.9％（2014年），4.6％（2015年），2.2％（2016年），1.7％（2017年）（世銀）
インフレ率 0.7％（2014年），-2.8％（2015年推定値），-1.3％（2016年推定値），0.8％（2017年推定値），1.5％（2018年推定値）（IMF）
失業率　未詳
総貿易額

カリブ海地域の国々

シンクタンクせとうち総合研究機構

(1) 輸出　5,000米ドル（2017年　WTO）　(2) 輸入　3億米ドル（2017年　WTO）
主要貿易品目
　(1) 輸出　電子機器，機械，飲料，たばこ　(2) 輸入　電子機器，機械類，燃料，食料品
主要貿易相手国（2017年　WTO）
　(1) 輸出　米国，セントルシア，トリニダード・トバゴ，アンティグア・バーブーダ
　(2) 輸入　米国，EU，トリニダード・トバゴ，カナダ
通貨　東カリブ・ドル（EC＄）
為替レート　1米ドル＝2.7EC＄（固定相場制）
経済概況
　伝統的には農業，特に砂糖生産に大きく依存しているが，近年の経済多角化策の下で，柑橘類など砂糖以外の農産品，観光業，オフショア金融の振興に努めている。1990年代初頭は，観光業の成長に牽引された形で軽工業品，食料品を中心にした製造業，農業がそれぞれ大きな伸びを記録し，比較的高い成長率と，低い失業率を維持した。
　しかし，1998年のハリケーン・ジョージ，1999年のハリケーン・ホセ及びレニーによる被害は農業・観光業に深刻な影響を与えたほか，2001年の米国同時多発テロにより，同年の観光業が減少するなど，外的要因に影響されやすい経済構造となっている。
　2005年には，砂糖産業を閉鎖し，観光業中心の経済に推移。順調な成長を遂げたが，その後の世界的な経済不況により観光収入が大幅に減少。2014年のGDP成長は，カリブ地域では比較的高く，これは建設業，製造業，観光業，などの産業の活発化や投資による市民権獲得プログラムによる歳入増加によるところが大きいとされる。
　サービス産業中心経済である同国は，好調な観光業や建設業に後押しされ，経済成長を続けている。
経済協力
日本の援助実績
　(1) 有償資金協力（2016年度まで，交換公文ベース）　なし
　(2) 無償資金協力（2016年度まで，交換公文ベース）　30.89億円
　(3) 技術協力実績（2016年度まで，JICAベース）　5.00億円
主要援助国（2013年OECD／DAC）
　(1) オーストラリア　(2) カナダ　(3) 日本　(4) 韓国　(5) 英国
文化
　世界遺産　無し
　世界無形文化遺産　無し
　世界の記憶　❶英国カリブ領の奴隷の登記簿1817～1834年
ゆかりの人物　クリストファー・コロンブス、アレクサンダー・ハミルトン、キム・コリンズ
二国間関係
政治関係
1983年9月19日の独立と同時に日本は同国を承認。
1985年1月14日外交関係開設。我が方は，在トリニダード・トバゴ大使館が同国を兼轄。
セントクリストファー・ネーヴィスは台湾から日本を兼轄。
経済関係
(1) 対日貿易（2017年　財務省貿易統計）
　　(ア) 貿易額対日輸出　61万円対日輸入　8.7億円
　　(イ) 主要品目対日輸出　一般機械対日輸入　自動車，船舶
(2) 日本からの直接投資未詳
空港　ロバート・L・ブラッドショー国際空港（別名ゴールデン・ロック国際空港）
在留邦人数5名（2017年10月）
在日当該国人数　7名（2018年6月）（法務省）

カリブ海地域の国々

ドミニカ国
Commonwealth of Dominica

独立年月日 1978年11月3日、英国より独立。
国旗 青の3本の縞はスペイン統治下のキューバの三つの軍政地域、白の二本の縞は純粋な愛国心を、赤の三角は強さと不変性を象徴している。
国歌 美の島、輝きの島
国の標語 Après le Bondie, C'est la Ter
（パトワ：良い主に従って、我々はこの地を愛する）
国花 カリブウッド　**国鳥** ミカドボウシインコ

国連加盟	1978年
ユネスコ加盟	1995年
世界遺産条約締約	1995年

面積 750平方Km（奄美大島とほぼ同じ）（2017年　世銀）
人口 7.4万人（2017年　世銀）
首都 ロゾー
民族 アフリカ系（86.6%），混血（9.1%），カリブ族（2.9%），その他
言語 英語（公用語），フランス語系パトワ語
宗教 キリスト教（カトリック，プロテスタント等）等
略史
　1493年　コロンブスにより「発見」
　1805年　英国植民地
　1958年〜1962年　英領西インド諸島連邦に加盟
　1967年　英国自治領
　1978年　独立
祝祭日
　1月1日　元旦　　4月22日　復活の月曜日　　5月6日　労働者の日/メーデー
　6月10日　聖霊降臨祭の月曜日　　8月5日　奴隷解放の日　　11月3日　独立記念日
　11月4日　コミュニティサービスデー　　11月4日　独立記念日観察
　11月5日　コミュニティサービスデー　　12月25日　クリスマス　12月26日　ボクシングデー
政体 立憲共和制
元首 チャールズ・サバリン大統領（2013年10月就任，任期5年）
議会
一院制（30名）（選出議員21名，選任議員9名）
外交・国防
外交基本方針
　(1) 親米・親英の穏健外交路線
　(2) 英連邦の一員であり，カリブ共同体（CARICOM），カリブ諸国連合（ACS），東カリブ諸国機構（OECS）加盟国
　(3) 台湾承認国であったが，2004年3月台湾と国交断絶し，中国と国交樹立。北朝鮮とも国交を有する。
経済
主要産業 農業（バナナ，ココナッツ，柑橘類），観光業，製造業（石鹸等）
GNI 5億1,600万米ドル（2017年　世銀）
一人当たりGNI 6,990米ドル（2017年　世銀）
GDP成長率 3.9%（2014年），2.8%（2015年），2.6%（2016年），-4.2%（2017年）（世銀）
インフレ率 0.8%（2014年），-0.8%（2015年推定値），-0.2%（2016年推定値），1.6%（2017年推定値），1.8%（2018年推定値）（IMF）
失業率 未詳
総貿易額
　(1) 輸出　2,100万米ドル（2017年　WTO）
　(2) 輸入　2億1,500万米ドル（2017年　WTO）

主要貿易品目
(1) 輸出　燃料，バナナ，石鹸，野菜，グレープフルーツ，オレンジ
(2) 輸入　機械，食料品，化学製品
主要貿易相手国（2012年　WTO）
(1) 輸出　トリニダード・トバゴ，ジャマイカ，セントクリストファー・ネーヴィス，EU
(2) 輸入　米国，トリニダード・トバゴ，EU，中国
通貨　東カリブ・ドル（EC＄）
為替レート　1米ドル＝2.7EC＄（固定相場制）
経済概況
　バナナ生産を中心とする農業と石鹸生産等アグロインダストリーを中心とする小規模な製造業を根幹とする。1990年代に入って，クルーズ船を中心とする観光業が高い成長を記録したが，2001年の米国同時多発テロにより，観光客が減少し国内経済はマイナス成長となる。
　2004年11月に発生した地震により，ドミニカのインフラは甚大な被害を被ったが，2005年から2007年まで，観光業の回復及び好調な製造業によりプラス成長を達成。2008年から世界的金融危機の影響を受け観光業が低迷し，IMFの財政支援を受けた。
　2015年8月，トロピカル・ストーム「エリカ」による洪水被害を受け，GDPの90％相当の被害を受けた他，2017年9月のハリケーン・マリアでは約13億米ドル（GDPの約216％）に及ぶ壊滅的被害を受けた。
経済協力
日本の援助実績（累計）
(1) 有償資金協力（2016年度まで，交換公文ベース）　　なし
(2) 無償資金協力（2016年度まで，交換公文ベース）　　70.54億円
(3) 技術協力実績（2016年度まで，JICAベース）　　15.68億円
主要援助国（2015年　OECD/DAC）
(1) フランス (2) 英国 (3) 日本 (4) カナダ (5) 韓国
文化
　世界遺産　①トワ・ピトン山国立公園
　世界無形文化遺産　無し
　世界の記憶　無し
ゆかりの人物　クリストファー・コロンブス
二国間関係
政治関係
　1978年11月3日の独立と同時に，日本は同国を承認。同年12月11日外交関係開設。1981年4月より我が方は在トリニダード・トバゴ大使館が兼轄。
　ドミニカ国は駐日大使館未設置。
経済関係
(1) 対日貿易
　(ア) 貿易額（2017年　財務省貿易統計）対日輸出　8,400万円対日輸入　6.1億円
　(イ) 主要品目対日輸出　輸送用機器，履物対日輸入　自動車，原動機
(2) 日本からの直接投資　なし
文化関係
文化無償協力　1件（音響・照明機材，1994年）
空港　ケインフィールド空港，ダグラス・チャールズ空港
在留邦人数　0名（2017年10月）
在日当該国人数　10名（2018年6月）（法務省）

カリブ海地域のユネスコ遺産　概説

ブルー・ジョン・クロウ山脈（ジャマイカ）
(Blue and John Crow Mountains)
複合遺産(登録基準(ⅲ)(ⅵ)(x))
2015年世界遺産登録

本書では、カリブ海地域のユネスコ遺産を取り上げる。本書を出版するにあたり、2019年4月3日から8日まで、キューバの首都ハバナや世界遺産地の「ヴィニャーレス渓谷」に行く機会に恵まれ、ユネスコ・ハバナ事務所やホセ・マルティ記念博物館【写真】等を訪問することができました。

カリブ海地域は、カリブ海と、その海域の島々、周辺海域から構成されている。カリブ海地域は、メキシコ湾と北アメリカ大陸の南東、中央アメリカの東、南アメリカ大陸の北に位置している。日本語ではカリブ地域、或は、この地域にある国々を総称してカリブ諸国とも呼ばれています。

カリブ海地域の島々は、北側の大アンティル諸島と、南および東側の小アンティル諸島（リーワード・アンティル諸島を含む）から成り、大アンティル諸島やカリブ海より北に位置するバハマ諸島（バハマからタークス・カイコス諸島に至る範囲）をも含んだ、より広い範囲を指す表現としての西インド諸島の一部となっています。

この地方の名称は、スペインによる征服の時期に、小アンティル諸島や近在の南アメリカ大陸の一部にいた民族であるカリブ族の名前から採られています。

この地域の気候や自然環境は、世界遺産に登録されているキューバの「デセンバルコ・デル・グランマ国立公園」（1999年登録　自然景観と地形・地質が評価される）と「アレハンドロ・デ・フンボルト国立公園」（2001年登録　生態系と生物多様性）、ドミニカ国の「トワ・ピトン山国立公園」（1997年登録　地形・地質と生物多様性）、ジャマイカの「ブルー・ジョン・クロウ山脈」（2015年登録　生物多様性）などに象徴される様にカ、熱帯から亜熱帯の海洋性気候で、概ね雨季（5月～10月）と乾季（11月～4月）に分かれます。

歴史は1492年10月12日にクリストファー・コロンブス（1451年頃～1506年）による第1回目の航海中、西インド諸島の小島にたどり着いたことに始まり、1511年、ディエゴ・ベラスケスがキューバを征服、16世紀以降、西アフリカから奴隷が導され大農園が各地に作られました。

16～18世紀には海賊から島を守る為に要塞が建設されました。18世紀後半、奴隷解放の気運が高まり19世紀には奴隷1868年のキューバのスペインからの独立など解放と植民地からの独立、20世紀には、1959年のキューバ革命など支配からの独立と革命が相次ぎました。

カリブ海地域は、ユネスコの地域分類では、ラテンアメリカ・カリブ地域（世界遺産条約の締約国は33か国）に含まれ、キューバ、ジャマイカ、ドミニカ共和国、トリニダード・トバコ、バルバドス、セントルシア、ハイチ、アンチグア・バーブーダ、セントクリストファー・ネービス、ドミニカ国、バハマなどの国々で構成されています。

この地域の「ユネスコ遺産」は、「世界遺産」が17（自然遺産 4 文化遺産 12 複合遺産 1）、「世界無形文化遺産」が10、「世界の記憶」（世界記憶遺産）が12、合計39（2019年5月1日現在）です。

「ユネスコ遺産」の数では、キューバ 16（「世界遺産」9、「世界無形文化遺産」4、「世界の記憶」3）、ジャマイカ 6（「世界遺産」1、「世界無形文化遺産」2、「世界の記憶」3）、ドミニカ共和国 6（「世界遺産」1、「世界無形文化遺産」3、「世界の記憶」2）、トリニダード・トバコ 6（「世界の記憶」6）、バルバドス 5（「世界遺産」1、「世界の記憶」4）、セントルシア 3（「世界遺産」1、「世界の記憶」2）、ハイチ 2（「世界遺産」1、「世界の記憶」1）、アンチグア・バーブーダ 2（「世界遺産」1、「世界の記憶」1）、セントキッツ・ネイヴィース 2（「世界遺産」1、「世界の記憶」1）、ドミニカ国 2（「世界遺産」1、「世界の記憶」1）、セント・ヴィンセントおよびグレナディーン諸島 1（「世界の記憶」1）、バハマ 2（「世界の記憶」2）、オランダ領アンティル 2（「世界の記憶」2）シント・マールテン 1（「世界の記憶」1）、モンセラット 1（「世界の記憶」1）、アンギラ 1（「世界の記憶」1）、キュラソー 1（「世界の記憶」1）、という順です。

　この地域で、最初に「世界遺産」に登録されたのは1982年で、キューバの「オールド・ハバナとその要塞システム」とハイチの「シタデル、サン・スーシー、ラミエール国立歴史公園」の2件です。前者は、植民地時代の面影が残る古い歴史的遺産、後者は、20000人もの黒人奴隷が勝利をおさめた普遍的な自由と独立の象徴といえる文化遺産です。

　この様に、この地域の歴史文化は、「世界遺産」に登録されているキューバの「オールド・ハバナとその要塞システム」や「サンティアゴ・デ・クーバのサン・ペドロ・ロカ要塞」、セントキッツ・ネイヴィースの「ブリムストンヒル要塞国立公園」などの要塞群、キューバの「オールド・ハバナ」、ドミニカ共和国の「サント・ドミンゴ」、バルバドスの「ブリッジタウン」、アンティグア・バーブーダの「アンティグア海軍造船所」などに象徴される様に、かつての植民地時代の面影が残る古い歴史的遺産が多いことです。

　この地域の中心は、やはり、キューバです。キューバは、1947年にユネスコに加盟、1981年に世界遺産条約を締約、世界遺産委員会の委員国を1987～1993年、1995～2001年、2005～2009年、2015～2019年の4回務めている。無形文化遺産保護条約については2007年に締約しています。現在、無形文化遺産委員会の委員国で、2016～2020年が任期です。

　そして、ジャマイカ、ジャマイカは、1962年にユネスコに加盟、1983年に世界遺産条約を締約、世界遺産委員会の委員国を2013～2017年に務めている。無形文化遺産保護条約については2010年に締約している。現在、無形文化遺産委員会の委員国で、2018～2022年が任期です。また、2019年の第43回世界遺産委員会バクー会議では、17世紀のジャマイカの海運業の中心地であった「ポート・ロイヤル」（Port Royal）の文化的景観が世界遺産の候補になっています。

　そして、ドミニカ共和国、ドミニカ共和国は、1946年にユネスコに加盟、1985年に世界遺産条約を、2006年に無形文化遺産保護条約を締約しています。

　私は、2003年の第27回世界遺産委員会パリ会議から、毎年、オブザーバーのステイタスで参加していますが、セントルシアのヴェラ・ラックーレ氏、バルバドスのアリッサンドラ・クミンス氏などの女性たちの活躍が印象的でした。

世界遺産ガイド―カリブ海地域編―

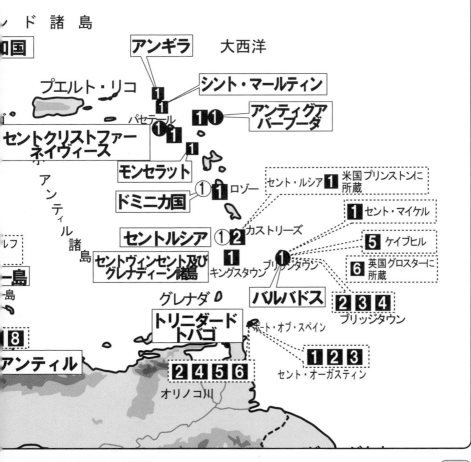

カリブ海地域の世界遺産

オールド・ハバナとその要塞システム（キューバ）
(Old Havana and its Fortifications)
文化遺産（登録基準(iv)(v)）　1982年世界遺産登録

写真：古田陽久

カリブ海地域の世界遺産

キューバ共和国
Republic of Cuba
首都　ハバナ
世界遺産の数　9（自然遺産 2　文化遺産 7　複合遺産 0）　世界遺産条約締約年 1981年

❶オールド・ハバナとその要塞システム
（Old Havana and its Fortifications）
文化遺産（登録基準（ⅳ）（ⅴ））　1982年

❷トリニダードとインヘニオス渓谷
（Trinidad and the Valley de los Ingenios）
文化遺産（登録基準（ⅳ）（ⅴ））　1988年

❸サンティアゴ・デ・クーバのサン・ペドロ・ロカ要塞
（San Pedro de la Roca Castle, Santiago de Cuba）
文化遺産（登録基準（ⅳ）（ⅴ））　1997年

❹ヴィニャーレス渓谷　（Viñales Valley）
文化遺産（登録基準（ⅳ））　1999年

❺デセンバルコ・デル・グランマ国立公園
（Desembarco del Granma National Park）
自然遺産（登録基準（ⅶ）（ⅷ））
1999年

❻キューバ南東部の最初のコーヒー農園の
考古学的景観
（Archaeological Landscape of the First Coffee
Plantation in the Southeast of Cuba）
文化遺産（登録基準（ⅲ）（ⅳ））
2000年

❼アレハンドロ・デ・フンボルト国立公園
（Alejandro de Humboldt National Park）
自然遺産（登録基準（ⅸ）（ⅹ））
2001年

❽シェンフエゴスの都市歴史地区
（Urban Historic Centre of Cienfuegos）
文化遺産（登録基準（ⅱ）（ⅳ））
2005年

❾カマグエイの歴史地区
（Historic Centre of Camagüey）
文化遺産（登録基準（ⅳ）（ⅴ））　2008年

ジャマイカ
Jamaica
首都　キングストン
世界遺産の数　1　世界遺産条約締約年 1983年

①ブルー・ジョン・クロウ山脈
（Blue and John Crow Mountains）
複合遺産（登録基準（ⅲ）（ⅵ）（ⅹ））
2015年

○自然遺産　●文化遺産　□複合遺産　★危機遺産

世界遺産ガイド—カリブ海地域編—

ハイチ共和国
Republic of Haiti
首都　ポルトープランス
世界遺産の数　1　世界遺産条約締結年　1980年

❶シタデル、サン・スーシー、ラミエール国立歴史公園
（National History Park-Citadel, Sans Souci, Ramiers）
文化遺産（登録基準(iv)(vi)）
1982年

セント・ルシア
Saint Lucia
首都　カストリーズ
世界遺産の数　1　世界遺産条約締結年　1991年

①ピトン管理地域　（Pitons Management Area）
自然遺産（登録基準(vii)(viii)）　2004年

セントクリストファー・ネイヴィース
Saint Christopher and Nevis
首都　バセテール　世界遺産の数　1
世界遺産条約締結年　1986年

❶ブリムストンヒル要塞国立公園
（Brimstone Hill Fortress National park）
文化遺産（登録基準(iii)(iv)）
1999年

ドミニカ共和国
Dominican Republic
首都　サントドミンゴ
世界遺産の数　1　世界遺産条約締結年　1985年

❶サント・ドミンゴの植民都市
（Colonial City of Santo Domingo）
文化遺産（登録基準(ii)(iv)(vi)）　1990年

カリブ海地域の世界遺産

アンティグア・バーブーダ
Antigua and Barbuda
首都　セントジョンズ
世界遺産の数　1　世界遺産条約締結年　1983年

❶アンティグア海軍造船所と関連考古学遺跡群
（Antigua Naval Dockyard and Related Archaeological Sites）
文化遺産（登録基準(ii)(iv)）
2016年

バルバドス
Barbados
首都　ブリッジタウン
世界遺産の数　1　世界遺産条約締結年　2002年

❶ブリッジタウンの歴史地区とその駐屯地
（Historic Bridgetown and its Garrison）
文化遺産（登録基準(ii)(iii)(iv)）
2011年

ドミニカ国
Commonwealth of Dominica
首都　ロゾー
世界遺産の数　1　世界遺産条約締結年　1995年

①トワ・ピトン山国立公園
（Morne Trois Pitons National Park）
自然遺産（登録基準(viii)(x)）　1997年

シンクタンクせとうち総合研究機構　　○自然遺産　●文化遺産　□複合遺産　★危機遺産

オールド・ハバナとその要塞システム

英語名	Old Havana and its Fortification System
遺産種別	文化遺産
登録基準	(iv) 人類の歴史上重要な時代を例証する、ある形式の建造物、建築物群、技術の集積、または、景観の顕著な例。 (v) 特に、回復困難な変化の影響下で損傷されやすい状態にある場合における、ある文化(または、複数の文化) 或は、環境と人間との相互作用を代表する伝統的集落、または、土地利用の顕著な例。
登録年月	1982年12月 (第6回世界遺産委員会パリ会議)
登録遺産の面積	238.7ha　バッファー・ゾーン　412.4ha

登録遺産の概要　オールド・ハバナとその要塞システムは、メキシコ湾にのぞむキューバ島の北西岸、キューバの首都ハバナにある。ハバナの歴史は、1519年にベラスケスが建設に着手した時に始まる。ハバナ湾のすぐ西にある旧市街のオールド・ハバナには、植民地時代の面影が残る古い歴史的遺産が集中しており、世界遺産の登録面積は、238.75haである。ハバナ湾の入り江には、海賊や諸外国など外部からの攻撃に備えて堅固な要塞が多く築かれ町全体が要塞化都市として機能した。ハバナ湾の入口を防衛するカリブ海最強の砦といわれた城壁の高さが20mもある1589年に建設されたモロ要塞、それに、対岸に1590年に建設されたプンタ要塞、バルトロメウ・サンチェスによって1558年に建設されたフエルサ要塞、ハバナ湾の東側を防衛する為に1763年に建設されたカバーニャ要塞、キューバ島を発見したクリストファー・コロンブス(1451～1506年)の遺体を安置していたバロック大聖堂などが残っている。

分類	遺跡群
物件所在国	キューバ
物件所在地	ハバナ特別行政区(首都)
構成資産	□Old Havana □Castillo de Los Tres Reyes del Morro □Fortaleza San Carlos de la Cabaña □Hornabeque de San Diego, Fuerte No 4　□Fuerte No 1 □Torreón de San Lázaro　□Santa Dorotea de Luna de La Chorrera □Castillo de Cojímar　□Polvorín de San Antonio □Castillo de Atarés　□Castillo del Príncipe
活用	観光、博物館
博物館	市立博物館、コロニアル・アート博物館
備考	ハバナ中心街から南方約14kmの地点にホセ・マルティ国際空港がある。
参考URL	ユネスコ世界遺産センター　http://whc.unesco.org/en/list/204

世界遺産ガイド－カリブ海地域編－

灯台が目印のモロ要塞

北緯23度7分　西経82度20分

交通アクセス　ホセ・マルティ国際空港からハバナ市中心部まで車で約30分。

カリブ海地域の世界遺産

サンティアゴ・デ・クーバのサン・ペドロ・ロカ要塞

英語名	San Pedro de la Roca Castle, Santiago de Cuba
遺産種別	文化遺産
登録基準	(iv) 人類の歴史上重要な時代を例証する、ある形式の建造物、建築物群、技術の集積、または、景観の顕著な例。 (v) 特に、回復困難な変化の影響下で損傷されやすい状態にある場合における、ある文化(または、複数の文化) 或は、環境と人間との相互作用を代表する伝統的集落、または、土地利用の顕著な例。
登録年月	1997年12月 (第21回世界遺産委員会ナポリ会議)
登録遺産の面積	93.88ha　　バッファー・ゾーン　151.99ha

登録遺産の概要 サンティアゴ・デ・クーバは、キューバ東部サンティアゴ湾に面した町で、1515年から1607年まで、キューバの最初の首都であった。サン・ペドロ・ロカ要塞は、カリブ海域の商業的、政治的な抗争が激化するなかで、戦略的に重要なサンティアゴ港を防衛する為、スペインの国王フィリップ2世の命によって、1590年に巨大な要塞が岬の上に建設された。1638年に町長のペドロ・デ・ロカによって拡張され、イタリア人で軍の技術者であるファン・バウティスタ・アントネッリが設計を担当し、サン・ペドロ・ロカ要塞と呼ばれ、19世紀末まで、数度、再建・拡張された。サン・ペドロ・ロカ要塞は、砦、弾薬庫、砲台などが複雑に配置され、イタリア・ルネッサンス様式を基にしたスペイン・アメリカ様式の軍事施設として保存されている。

分類	モニュメント
物件所在国	**キューバ**
物件所在地	サンティアーゴ・デ・クーバ州サンティアーゴ・デ・クーバ
活用	観光
備考	サン・ペドロ・ロカ要塞は、スペイン帝国がアメリカ州で築いた軍事建築物のなかで最も状態が良く、完全な形で残っているものとして、世界遺産に登録された。
参考URL	ユネスコ世界遺産センター　http://whc.unesco.org/en/list/841

世界遺産ガイドーカリブ海地域編ー

カリブ海を望むサン・ペドロ・ロカ要塞

カリブ海地域の世界遺産

北緯19度58分　西経75度52分

交通アクセス　ハバナから飛行機で1時間30分。

シンクタンクせとうち総合研究機構

ヴィニャーレス渓谷

英語名	Viñales Valley
遺産種別	文化遺産
登録基準	(iv) 人類の歴史上重要な時代を例証する、ある形式の建造物、建築物群、技術の集積、または、景観の顕著な例。
登録年月	1999年12月 (第23回世界遺産委員会マラケシュ会議)
登録遺産の面積	－ ha　バッファー・ゾーン　－ ha

登録遺産の概要　ヴィニャーレス渓谷は、キューバの西部、ピナール・デル・リオ市の北方50km、グァニグァニコ山脈のモゴテスと呼ばれる奇妙な形の山で囲まれたカルスト地形とヤシの木が印象的な美しい田園景観を呈する。ヴィニャーレス渓谷は、土地も肥沃であり、世界的に有名なクオリティーの高いハバナ葉巻の原料になるタバコの葉、それにサトウキビ、トウモロコシ、バナナの栽培など伝統的な農耕法や工法が、今も変わることなく息づいている。ここには、先住民のインディヘナが居住していたといわれる「インディオの洞窟」など数多くの洞窟がある。これらは、植民地時代には奴隷の隠れ家として、また、独立戦争時代には、革命家の隠れ家だったといわれている。また、ヴィニャーレスの村人は、この地固有の農家の木造家屋の建築、工芸、音楽の面においても、古くからの良き伝統を守り続け、カリブ諸島、そして、キューバの文化の発展に貢献した。ヴィニャーレス渓谷は、その独特の文化的景観の美しさから映画やテレビの撮影の舞台としても登場している。

分類	遺跡、文化的景観
物件所在国	**キューバ**
物件所在地	ピナール・デル・リオ州ビニャーレス市
活用	観光、映画やテレビの撮影ロケ
備考	ビニャーレス渓谷の周辺の斜面にはいくつもの洞穴があり、谷底から島のように屹立する断崖は、モゴーテと呼ばれ、ハイキングなど人気のある観光地となっている。
参考URL	ユネスコ世界遺産センター　http://whc.unesco.org/en/list/840

世界遺産ガイド―カリブ海地域編―

カルスト地形とヤシの木々が印象的なヴィニャーレス渓谷

カリブ海地域の世界遺産

北緯22度37分　西経83度43分

交通アクセス　ピナール・デル・リオから車で1時間。

デセンバルコ・デル・グランマ国立公園

英語名	Desembarco del Granma National Park
遺産種別	自然遺産
登録基準	(vii) もっともすばらしい自然的現象、または、ひときわすぐれた自然美をもつ地域、及び、美的な重要性を含むもの。 (viii) 地球の歴史上の主要な段階を示す顕著な見本であるもの。これには、生物の記録、地形の発達における重要な地学的進行過程、或は、重要な地形的、または、自然地理的特性などが含まれる。
登録年月	1999年12月 (第23回世界遺産委員会マラケシュ会議)
登録遺産の面積	41,863ha

登録遺産の概要 デセンバルコ・デル・グランマ国立公園は、キューバ島の南西端のグランマ州にある。デセンバルコ・デル・グランマ国立公園は、地球上でも、地形の特徴、地質の進化の過程を知る上での重要な事例の一つであり、1986年に、国立公園に指定されている。キューバ南部の西端に突き出たクルス岬一帯の地形は、西大西洋と接する海岸線の断崖景観、それに海抜360mから180mまで延びる石灰岩の海岸段丘が特徴的である。デセンバルコ・デル・グランマ国立公園は、地質学的には、カリブ・プレートと北アメリカ・プレートの間にある活断層内にある。ここは、1956年にフィデル・カストロやチェ・ゲバラが革命を起こすために「グランマ号」で上陸した場所としても有名である。

分類	自然景観、地形・地質
物件所在国	キューバ
物件所在地	グランマ州ニクエロ
活用	観光
脅威	ハリケーン、洪水、地震などの自然災害
参考URL	ユネスコ世界遺産センター　http://whc.unesco.org/en/list/889

世界遺産ガイド―カリブ海地域編―

海岸線の断崖や石灰岩の海岸段丘が特徴的な
デセンバルコ・デル・グランマ国立公園

カリブ海地域の世界遺産

北緯19度52分　西経77度37分

交通アクセス　ハバナからマンサニーヨまで飛行機で1時間30分。

シンクタンクせとうち総合研究機構　　　　　　　　　　　　　　　　　93

キューバ南東部の最初のコーヒー農園の考古学的景観

英語名	Archaeological Landscape of the First Coffee Plantations in the South-East of Cuba
遺産種別	文化遺産
登録基準	(iii) 現存する、または、消滅した文化的伝統、または、文明の、唯一の、または、少なくとも稀な証拠となるもの。 (iv) 人類の歴史上重要な時代を例証する、ある形式の建造物、建築物群、技術の集積、または、景観の顕著な例。
登録年月	2000年12月（第24回世界遺産委員会ケアンズ会議）
登録遺産の面積	81,475ha

登録遺産の概要 キューバ南東部の最初のコーヒー農園の考古学的景観は、キューバの南東部のサンティアゴ・グアンタナモ地方シエラ・マエストラ山麓の丘に見られる。このコーヒー農園は、19世紀から20世紀初めにかけての遺構で、険しい地形にある原生林をハイチからのフランス人入植者がコーヒー農園として農用地に転用したユニークなものであり、世界の他の場所では見られない。19世紀から20世紀初めにかけての東キューバにおけるコーヒー生産は、ユニークな文化的景観を創出すると共に、カリブ・ラテンアメリカ地域の経済、社会、そして、農業技術史に光明を投じた。一方において、このコーヒー農園は、アフリカからの奴隷が血と汗の過酷な労働を強いられた負の歴史も背負っている。

分類	遺跡群、文化的景観
物件所在国	**キューバ**
物件所在地	サンティアゴ・グアンタナモ地方
構成資産	☐La Gran Piedra ☐El Cobre ☐Dos Palmas Contramaestre ☐Yateras ☐El Salvador ☐Niceto Pérez ☐Guantanamo
活用	観光、博物館
博物館	イザベリータ博物館（イザベリータ農園）
参考URL	ユネスコ世界遺産センター　http://whc.unesco.org/en/list/1008

世界遺産ガイドーカリブ海地域編ー

キューバ南東部の最初のコーヒー農園の考古学的景観

北緯20度1分　西経75度23分

交通アクセス　サンティアゴ・デ・クーバから車。

カリブ海地域の世界遺産

ブルー・ジョン・クロウ山脈

英語名	Blue and John Crow Mountains
遺産種別	複合遺産
登録基準	(iii) 現存する、または、消滅した文化的伝統、または、文明の、唯一の、または、少なくとも稀な証拠となるもの。 (vi) 顕著な普遍的な意義を有する出来事、現存する伝統、思想、信仰、または、芸術的、文学的作品と、直接に、または、明白に関連するもの。 (x) 生物多様性の本来的保全にとって、もっとも重要かつ意義深い自然生息地を含んでいるもの。これには、科学上、または、保全上の観点から、すぐれて普遍的価値をもつ絶滅の恐れのある種が存在するものを含む。
登録年月	2015年7月 （第39回世界遺産委員会ボン会議）
登録遺産の面積	26,251.6ha　　バッファー・ゾーン　28,494.01ha

登録遺産の概要 ブルー・ジョン・クロウ山脈は、ジャマイカの南東部、コーヒーの銘柄ブルーマウンテンで知られるブルーマウンテン山脈とジョン・クロウ山脈などを含む保護区で、文化的には、奴隷解放の歴史と密接に結びついていることが評価され、自然的には、カリブ海諸島の生物多様性ホットスポットとして、固有種の地衣類や苔類の植物などが貴重であることが評価されたジャマイカ初の世界遺産である。ジャマイカ島のブルーマウンテン山脈の中に、白人支配下の農場から脱出した逃亡奴隷が造り上げたコミュニティがある。アフリカからジャマイカ島に連れて来られた黒人が、奴隷として白人の農場で働かされていた17世紀初頭、白人達に反旗を翻した逃亡奴隷達は、マルーンと呼ばれた。「ムーアの町のマルーン遺産」は、2008年に世界無形文化遺産に登録されている。

分類	生物多様性
物件所在国	ジャマイカ
物件所在地	サリー郡
管理	JAMAICA CONSERVATION AND DEVELOPMENT TRUST 25 Eastwood Park Road, Kingston 10
備考	カリブ海地域唯一の複合遺産である。
参考URL	ユネスコ世界遺産センター　http://whc.unesco.org/en/list/1356/

世界遺産ガイド－カリブ海地域編－

ジャマイカ初の世界遺産であると共にカリブ海地域唯一の複合遺産

カリブ海地域の世界遺産

北緯18度4分　西経76度34分

交通アクセス　ノーマン・マンレー国際空港から車でキングストンへ。

シタデル、サン・スーシー、ラミエール国立歴史公園

英語名	National History Park - Citadel, Sans Souci, Ramiers
遺産種別	文化遺産
登録基準	(iv) 人類の歴史上重要な時代を例証する、ある形式の建造物、建築物群、技術の集積、または、景観の顕著な例。 (vi) 顕著な普遍的な意義を有する出来事、現存する伝統、思想、信仰、または、芸術的、文学的作品と、直接に、または、明白に関連するもの。
登録年月	1982年12月 (第6回世界遺産委員会パリ会議)
登録遺産の面積	25,285.59ha

登録遺産の概要 シタデル、サン・スーシー、ラミエール国立歴史公園は、イスパニョーラ島ハイティ領土の北部、ハイティアン岬のカリブ海沿岸のカプハイシャンの南30kmにある。17世紀末にフランス系の入植者に対抗して黒人奴隷が蜂起しフランス軍を撃退、1794年に奴隷制廃止、1804年にハイチは、ラテンアメリカの中ではいち早く独立を宣言。シタデルは、標高970mのラ・フェリエール山頂にある高さが40mもある城で1805年から1820年にかけて建設された。かつて奴隷であったアンリ・クリストフ(1767〜1820年)が1811年に王位につくと王国の象徴である宮殿を建設した。サン・スーシー宮殿は、かつての支配者フランスのベルサイユ宮殿を模したフランス・バロック様式を取り入れた豪華なものであった。サン・スーシー宮殿、ラミエールの要塞、そして特にシタデル城は、20000人もの黒人奴隷が勝利をおさめた普遍的な自由と独立の象徴といえる。1842年に起きた大地震で崩壊し、内部も後の火災で焼失した。現在、シタデル、サン・スーシー、ラミエールは、歴史公園として国立公園に指定されている。

分類	建造物群
物件所在国	ハイチ共和国
物件所在地	北県 (Département du Nord)
活用	観光、博物館
博物館	シタデル博物館
脅威	地震などの自然災害
備考	○ハイチ唯一の世界遺産 ○登録にあたっては、黒人奴隷が最初に勝ち得た独立であるハイチにおいて建国当初の姿を伝える貴重な史跡群であることなどが評価された。
参考URL	ユネスコ世界遺産センター　http://whc.unesco.org/en/list/180

世界遺産ガイド－カリブ海地域編－

シタデル、サン・スーシー、ラミエール国立歴史公園

カリブ海地域の世界遺産

北緯19度34分　西経72度14分

交通アクセス　カプハイシャンから車。

シンクタンクせとうち総合研究機構

サント・ドミンゴの植民都市

英語名	Colonial City of Santo Domingo
遺産種別	文化遺産
登録基準	(ii) ある期間を通じて、または、ある文化圏において、建築、技術、記念碑的芸術、町並み計画、景観デザインの発展に関し、人類の価値の重要な交流を示すもの。 (iv) 人類の歴史上重要な時代を例証する、ある形式の建造物、建築物群、技術の集積、または、景観の顕著な例。 (vi) 顕著な普遍的な意義を有する出来事、現存する伝統、思想、信仰、または、芸術的、文学的作品と、直接に、または、明白に関連するもの。
登録年月	1990年12月（第14回世界遺産委員会バンフ会議）
登録遺産の面積	106ha

登録遺産の概要 サント・ドミンゴは、ドミニカ共和国の首都で、1496年にクリストファー・コロンブス（1451〜1506年）の兄弟バルトロメ・コロンブスによってオサマ川沿いに建設された米大陸最初の植民都市。スペインが中央アメリカや南アメリカの都市を植民地化する上での前線基地として繁栄した。1542年にローマ法王ポール3世によって新世界で初めて宣告されたサンタ・マリア・ラ・メノール大聖堂、米大陸最古のオサマ要塞、南北アメリカ最古のサント・ドミンゴ大学、ディエゴコロンの居城などスペイン時代の貴重な遺産が残る。サンタ・マリア・ラ・メノール大聖堂には、1506年5月20日亡くなったクリストファー・コロンブスの遺言に従って棺が安置されていたが、1992年、新大陸発見500年を記念して建てられたエル・ファロ・ア・コロンが完成すると、そちらに棺は移された。

分類	建造物群、モニュメント
物件所在国	ドミニカ共和国
物件所在地	首都地区サントドミンゴ・デ・グスマン市
活用	観光、博物館
博物館	アタラサナス・レアル博物館
参考URL	ユネスコ世界遺産センター　http://whc.unesco.org/en/list/526

クリストファー・コロンブスの棺がかつては安置されていた
サンタ・マリア・ラ・メノール大聖堂

カリブ海地域の世界遺産

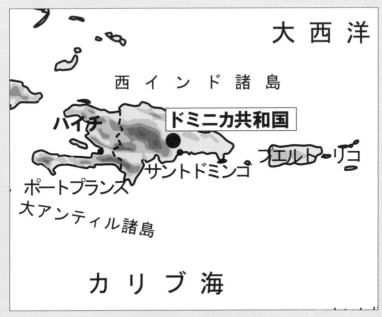

北緯18度28分　西経69度55分

交通アクセス　ラス・アメリカ国際空港からサント・ドミンゴ市内へは車で約30分。

ブリムストンヒル要塞国立公園

英語名	Brimstone Hill Fortress National park
遺産種別	文化遺産
登録基準	(iii) 現存する、または、消滅した文化的伝統、または、文明の、唯一の、または、少なくとも稀な証拠となるもの。 (iv) 人類の歴史上重要な時代を例証する、ある形式の建造物、建築物群、技術の集積、または、景観の顕著な例。
登録年月	1999年12月 (第23回世界遺産委員会マラケシュ会議)
登録遺産の面積	15.37 ha

登録遺産の概要 ブリムストンヒル要塞国立公園は、セントキッツ島南東部のブリムストン丘陵(標高267m)の頂上部にある。ブリムストンヒル要塞は、17~18世紀のヨーロッパのカリブ海地域での植民地化の最盛期に、奴隷による労働によって建てられた英国式の要塞。ブリムストンヒル要塞は、カリブ海にあった要塞の中では最大級で、「カリブ海のジブラルタル」とも呼ばれていた。ブリムストンヒル要塞は、1850年代に放棄され廃墟となったが、その後修復され、現在は、博物館やビジター・センターも設置され活用されている。セントクリストファー・ネイヴィース(現セントキッツ・ネイヴィース 人口 4.1万人)は、1493年にコロンブスによって発見された。カリブ海の小アンティル諸島のうちのリーワード諸島に位置し、セントキッツ島とネイヴィース島の2つの火山島からなる。西インド諸島では最初となる1623年に英国が入植した元植民地であった。尚、英国カリブ領の奴隷の登録簿(1817~1834年)は、世界の記憶に登録されており、英国王立公文書館(ロンドン)に所蔵されている。

分類	建造物群
物件所在国	セントクリストファー・ネイヴィス
物件所在地	セントクリストファー島(セントキッツ島)セントトーマス
活用	観光、博物館、ビジターセンター、イベント会場、会議場、結婚式場
備考	西インド諸島最大の要塞の史跡
参考URL	ユネスコ世界遺産センター http://whc.unesco.org/en/list/910 Brimstone Hill Fortress National park http://brimstonehillfortress.org/

カリブ海にあった要塞の中では最大級で、「カリブ海のジブラルタル」とも呼ばれていたブリムストンヒル要塞

カリブ海地域の世界遺産

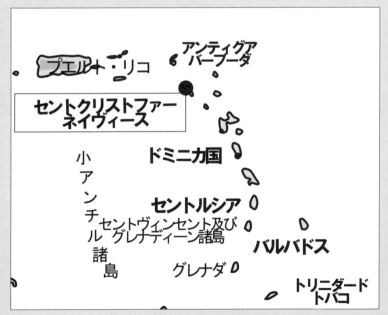

北緯17度20分　西経62度50分

交通アクセス　バセテールから車。

トワ・ピトン山国立公園

英語名	Morne Trois Pitons National Park
遺産種別	自然遺産
登録基準	(viii)地球の歴史上の主要な段階を示す顕著な見本であるもの。これには、生物の記録、地形の発達における重要な地学的進行過程、或は、重要な地形的、または、自然地理的特性などが含まれる。 (x)生物多様性の本来的保全にとって、もっとも重要かつ意義深い自然生息地を含んでいるもの。これには、科学上、または、保全上の観点から、すぐれて普遍的価値をもつ絶滅の恐れのある種が存在するものを含む。
登録年月	1997年12月（第21回世界遺産委員会ナポリ会議）
登録遺産の面積	6,857ha
登録遺産の概要	トワ・ピトン山国立公園は、小アンティル諸島のウィンドワード諸島の北端にある中新世の時代の火山活動で出来た火山島で、ドミニカの南央部、首都ロゾーから13kmの高原にある。3つの高峰を持つトワ・ピトン山（海抜1342m モゥーンは山の意）を中心に蒸気と硫黄ガスが造り出す不毛の自然景観と緑鮮やかな熱帯雨林が対照的に広がり、その面積は、68.7km^{2}に及ぶ。なかでも、切り立った崖と深い渓谷の中に50余りの噴気孔、沸き立つ温泉や温泉湖、澄みきった湖、5つの火山、滝などが存在し、科学的にも興味をそそられる特有の植物相や動物相など豊富な生物群をもつ。なかでも、ハチドリなどの鳥類、カブトムシなどの昆虫類が数多く生息している。1975年にドミニカ初の国立公園になり、また、東カリブ海域では、最初にユネスコ自然遺産に登録された物件。
分類	地形・地質、生物多様性
物件所在国	ドミニカ国
物件所在地	ラウダ (Laudat) ポン・カス (Pont Casse) デリス (Delices) グラン・フォン (Grand Fond) ピシュラン (Pichelin)
活用	観光、ピクニック
脅威	水力発電プロジェクトなど開発圧力、観光客の増加
備考	モルヌ・トロワ・ピトン国立公園という表記もある。
参考URL	ユネスコ世界遺産センター　http://whc.unesco.org/en/list/814

世界遺産ガイド－カリブ海地域編－

東カリブ海域では、最初にユネスコ自然遺産に登録された
トワ・ピトン山国立公園

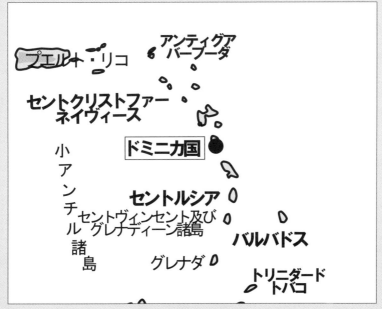

北緯15度16分　西経61度16分

交通アクセス　ロゾーから車で13km。

カリブ海地域の世界遺産

ブリッジタウンの歴史地区とその駐屯地

英語名	Historic Bridgetown and its Garrison
遺産種別	文化遺産
登録基準	(ii) ある期間を通じて、または、ある文化圏において、建築、技術、記念碑的芸術、町並み計画、景観デザインの発展に関し、人類の価値の重要な交流を示すもの。 (iii) 現存する、または、消滅した文化的伝統、または、文明の、唯一の、または、少なくとも稀な証拠となるもの。 (iv) 人類の歴史上重要な時代を例証する、ある形式の建造物、建築物群、技術の集積、または、景観の顕著な例。
登録年月	2011年6月（第35回世界遺産委員会パリ会議）
登録遺産の面積	187ha　　バッファー・ゾーン　321ha

登録遺産の概要　ブリッジタウンの歴史地区とその駐屯地は、西インド諸島の島国バルバドスの南西部、首都ブリッジタウンにある。ブリッジタウンとその駐屯地は、17世紀、18世紀、19世紀に、カリブ諸国や南米への商品や奴隷の中継基地にもなる港湾都市と貿易センターとして建設された英国の植民地建築の顕著な事例である。駐屯地は、1805年まで英国海軍の、1905年まで英国軍の東カリブ諸国の本部になった。ブリッジタウンとその駐屯地の構成資産は、数多くの歴史的な建造物群からなる軍事的な駐屯地も含んでいる。ブリッジタウンとその駐屯地は、彎曲した都市計画であり、碁盤目状に建設されたスペインやオランダの植民都市とは異なる手法で建設されている。

分類	建造物群、歴史都市
物件所在国	**バルバドス**
物件所在地	セント・マイケル教区ブリッジタウン市
構成資産	□ブリッジタウンの歴史地区とその駐屯地
備考	○バルバドス初の世界遺産 ○ブリッジタウンの中心部から約13kmの所にグラントレー・アダムス国際空港がある。
参考URL	ユネスコ世界遺産センター　http://whc.unesco.org/en/list/1376

英国の植民地建築の顕著な事例である
ブリッジタウンの歴史地区とその駐屯地

カリブ海地域の世界遺産

北緯13度5分　西経59度36分

交通アクセス　グラントレー・アダムス国際空港からブリッジタウンの中心部まで約13Km。

キューバ共和国 (9物件　○2　●7)

●オールド・ハバナとその要塞システム　(Old Havana and its Fortifications)
86〜87頁を参照。

●トリニダードとインヘニオス渓谷　(Trinidad and the Valley de los Ingenios)
トリニダードは、ハバナの南東280km、カリブ海に面し、スペイン人のディエゴ・ベラスケス（1460〜1532年）が1514年に建設した3番目の植民都市。18〜19世紀後半まで栄えたサトウキビからの砂糖生産が町に繁栄をもたらし、富の象徴ともいえるオルティス、マリブラーン、ブルネート、カンテロなどの農園主や経営者の屋敷、サンティシマ・トリニダード大聖堂、ラ・ポパ聖堂などの建造物と町並みを今に伝えている。これとは対照的に、街の北西14kmのところにあるロス・インヘニオス渓谷では、西アフリカから連行された黒人奴隷が、苦難の労働を強いられた58の砂糖工場が立ち並び、黒人達を監視するために建てられたイスナーガの塔が残っている。暗黒の奴隷時代を現在に伝える負の遺産といえる。**文化遺産（登録基準(iv)(v)）　1988年**

●サンティアゴ・デ・クーバのサン・ペドロ・ロカ要塞　(San Pedro de la Roca Castle, Santiago de Cuba)
88〜89頁を参照。

●ヴィニャーレス渓谷　(Viñales Valley)
90〜91頁を参照。

○デセンバルコ・デル・グランマ国立公園　(Desembarco del Granma National Park)
92〜93頁を参照。

●キューバ南東部の最初のコーヒー農園の考古学的景観
(Archaeological Landscape of the First Coffee Plantation in the Southeast of Cuba)
94〜95頁を参照。

○アレハンドロ・デ・フンボルト国立公園　(Alejandro de Humboldt National Park)
アレハンドロ・デ・フンボルト国立公園は、首都ハバナの東南東約780km、キューバ東部のバラコア山などカリブ海に面する山岳と森林の諸島にある。アレハンドロ・デ・フンボルト国立公園には、典型的な熱帯林が広がり、約100種の植物が見られる。ここには、12の固有種を含む64種の鳥類が見られ、また、キューバ・ソレノドンなど稀少生物の最後の聖域。ここで有名なのが固有種のカタツムリの一種である陸棲軟体生物ポリミタス（学名 POLYMITAS PICTA）で、地球上で最も美しいカタツムリと言われている。殻の直径は2〜3cmで、黄、赤、黒、白のラインが渦巻いている。また、この一帯は自然保護区にも指定されている。
自然遺産（登録基準(ix)(x)）　2001年

●シェンフェゴスの都市歴史地区　(Urban Historic Centre of Cienfuegos)
シェンフェゴスの都市の歴史地区は、キューバの南岸、ハバナの東250km、キューバで最も小さな州であるシェンフェゴス州の州都シェンフェゴスにある。植民都市のシェンフェゴスは、1819年にスペイン領内で発見されたが、主にフランス国籍の移住者が定住した。シェンフェゴスは、サトウキビ、タバコ、コーヒーの交易の場所になった。キューバのサトウキビ、マンゴ、タバコ、そして、コーヒーの生産の中心地である南部中央のカリブ海岸に位置しているので、シェンフェゴスは、最初は新古典主義の形態で発展した。後により折衷主義になったが調和のとれた全体の町並み景観を留めている。特に興味深い建造物群のなかでは、政府宮殿（市庁舎）、サン・ロレンソ学校、司教管轄区、ハグア湾を見渡せるフェラール宮殿、前文化会館、それに旧皇族の住居地がある。シェンフェゴスは、19世紀からのラテン・アメリカで発展した都市計画における現代性、衛生、それに秩序の新しい考えを代表する建築物の顕著な見本である。
文化遺産（登録基準(ii)(iv)）　2005年

●カマグエイの歴史地区　(Historic Centre of Camagüey)
カマグエイの歴史地区は、ハバナの南東約550km、キューバ中部のカマグエイ州の州都カマグエイにある。世界遺産の登録範囲は、核心地域の面積が54ha、緩衝地域が276haである。カマグエイは、1515年にスペイン人の征服者、ディエゴ・ベラスケスによって創建された最初の7つの村の一つで、旧称は、サンタ・マリア・デル・プエルト・プリンシペと言う。牛の牧畜とさとうきびの栽培、砂糖産業など内陸部での中心都市として重要な役割を果たした。カマグエイの歴史地区は、1528年に現在地に定まったが、ラテン・アメリカにあるスペインの植民都市にしては、曲がりくねった迷路の様な路地など不規則な形で発展した。カマグエイの歴史地区は、主要な交易ル

ートから外れているものの、スペイン領西インド諸島の経済的な中心地として都市の発展を遂げた類いない事例である。スペイン人の入植者達は、ラテン・アメリカの都市の配置や伝統的な建設技術ではなく、中世ヨーロッパの様々な建築様式の影響を受け継いだ。カマグエイの歴史地区には、17世紀の教会なども含め、スペイン植民地時代の建築物が今なお色濃く残っている。文化遺産（登録基準(ⅳ)(ⅴ)）　2008年

ジャマイカ （1物件　○1）

○ブルー・ジョン・クロウ山脈　（Blue and John Crow Mountains）　96～97頁を参照。

ハイチ （1物件　●1）

●シタデル、サン・スーシー、ラミエール国立歴史公園　（National History Park-Citadel, Sans Souci, Ramiers）
98～99頁を参照。

ドミニカ共和国 （1物件　●1）

●サント・ドミンゴの植民都市　（Colonial City of Santo Domingo）　100～101頁を参照。

セントクリストファー・ネイヴィス （1物件　●1）

●ブリムストンヒル要塞国立公園　（Brimstone Hill Fortress National park）　102～103頁を参照。

アンティグア・バーブーダ （1物件　●1）

●アンティグア海軍造船所と関連考古学遺跡群
（Antigua Naval Dockyard and Related Archaeological Sites）
アンティグア海軍造船所と関連考古学遺跡群は、カリブ海東部、西インド諸島のリーワード諸島を構成するアンティグア島の南東部にある。英国のジョージ1世から4世までの時代（1714～1830年）の建築・工芸様式であるジョージアン様式の海事施設の建造物群である。世界遺産の登録面積は、バークレー要塞、守衛所、砲兵隊ビルなどがあるネルソンズ・ドックヤード国立公園を中心とする255ha、バッファー・ゾーンは、3873haである。ハリケーンから守る為、周囲を高い山地に囲まれ、狭く水深が深い湾の入り江に築かれた造船所や城壁などの建設は、奴隷にされたアフリカ人の労働なくしては成し得ず、サトウキビ農園主の権益を守ることが目的でもあった。アンティグア海軍造船所と関連考古学遺跡群は、英国の海軍力を背景にして、カリブ海全域に睨みを利かせ、植民地化をすすめていく上での理想的な拠点であった。アンティグア・バーブーダ初の世界遺産である。
文化遺産（登録基準(ⅱ)(ⅳ)）　2016年

ドミニカ国 （1物件　○1）

○トワ・ピトン山国立公園　（Morne Trois Pitons National Park）　104～105頁を参照。

セント・ルシア （1物件　1）

○ピトン管理地域　Pitons Management Area）
ピトン管理地域（PMA）は、セントルシアの南西地域のスフレノ町の近くにある。ピトン管理地域は、面積2909ha（陸域保護地域　467ha、陸域多目的地域　1567ha、海洋管理地域　875ha）の自然保護区で、海岸から700m以上の高さに聳える大ピトン火山（777m）と小ピトン火山（743m）が含まれる。ピトン管理地域は、硫黄の噴気孔や温泉のある地熱地帯で、海中にはサンゴ礁が展開し、168種の魚類をはじめ多くの海生生物が生息している。また、海岸付近には、タイマイ、沖合にはサメ、クジラ類も見られ、陸地部分の湿潤林は、熱帯性から亜熱帯性へと変化を見せる。8種類の稀少な樹種が生息する森林には、固有の鳥類や哺乳類も生息している。ピトン管理地域は、2001年の計画開発法の下に、2002年に設定された。
　　　　　　　（ⅶ）（ⅷ）　2004

バルバドス （1物件　●1）

●ブリッジタウンの歴史地区とその駐屯地　（Historic Bridgetown and its Garrison）　106～107頁を参照。

カリブ海地域の世界無形文化遺産

ジャマイカのレゲエ音楽
(Reggae music of Jamaica)
2018年　世界無形文化遺産の「代表リスト」に登録

キューバ共和国
Republic of Cuba
首都　ハバナ
代表リストへの登録数　4
条約締約年　2007年

(1) トゥンバ・フランセサ
　（La Tumba Francesa）　2008年 ← 2003年第2回傑作宣言
(2) キューバのルンバ、祝祭の音楽、ダンス、すべての関連する慣習の結合
　（Rumba in Cuba, a festive combination of music and dances and all the practices associated）
　2016年
(3) プント（Punto）
　2017年
(4) キューバ中央部におけるパランダスの祭り
　（Festivity of Las Parrandas in the centre of Cuba）
　2018年

ジャマイカ
Jamaica
首都　キングストン
代表リストへの登録数　2
条約締約年　2010年

(1) ムーアの町のマルーン遺産
　（Maroon heritage of Moore Town）
　2008年 ← 2003年第2回傑作宣言
(2) ジャマイカのレゲエ音楽
　（Reggae music of Jamaica）
　2018年

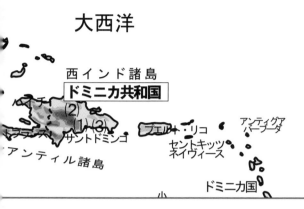

ドミニカ共和国
Dominican Republic
首都　サントドミンゴ
代表リストへの登録数　3
条約締約年　2005年

(1)ヴィッラ・メラのコンゴの聖霊兄弟会の文化的空間
　（Cultural space of the Brotherhood of the Holy　Spirit of the Congos of Villa Mella）
　2008年 ← 2001年第1回傑作宣言
(2)ココロの舞踊劇の伝統
　（Cocolo dance drama tradition）
　2008年 ← 2005年第3回傑作宣言
(3)ドミニカ・メレンゲの音楽・舞踊
　（Music and dance of the merengue in the Dominican Republic）
　2016年

カリブ海地域の世界無形文化遺産

キューバのルンバ、祝祭の音楽、ダンス、すべての関連する慣習の結合

準拠	無形文化遺産の保護に関する条約（略称：無形文化遺産保護条約）
目的	グローバル化により失われつつある多様な文化を守る為、無形文化遺産尊重の意識を向上させ、その保護に関する国際協力を促進する。

登録遺産名　Rumba in Cuba, a festive combination of music and dances and all the practices associated

人類の無形文化遺産の代表的なリスト（略称：代表リスト）への登録年月
　　　　　　　　　　　　　　　　　　　　　　　　　　　2016年

登録遺産国　　キューバ

登録遺産の概要　キューバのルンバは、最初は、ハバナとマタンサスの郊外で行われ、後に全土へと広がった。キューバのルンバの知識は、家族や近隣者の間で模倣することで伝わる。ルンバとは、キューバのアフリカ系住民から生まれたラテン音楽で、アフリカの神々にささげる黒人の宗教音楽から派生した郷土の娯楽音楽である。それがアメリカやヨーロッパに渡って社交ダンスのルンバが生まれた。当時は、リズムの1拍目から踊り始めるスクエア・ルンバと、2拍目から動き始めるキューバン・ルンバに分かれていたが、1962年に英国教師協会が正式にキューバン・ルンバをルンバの基礎として採用したのをきっかけに、社交ダンスのルンバは暗黙のうちにキューバン・ルンバと認識されるようになった。

分類　口承及び表現（伝達手段としての言語を含む）、芸能、社会的慣習、儀式及び祭礼行事　自然及び万物に関する知識及び慣習

登録基準　「代表リスト」への登録申請にあたっては、次のR.1～R.5までの5つの基準を全て満たさなければならない。

R.1　要素は、条約第2条で定義された無形文化遺産を構成すること。
R.2　要素の登録は、無形文化遺産の認知と重要性の意識の向上が確保され、世界の文化の多様性を反映し、人類の創造性を示す対話が奨励されること。
R.3　要素を保護し促進する保護措置が図られていること。
R.4　要素は、関係するコミュニティー、集団、或は、場合によっては、個人の可能な限り幅広い参加、そして、彼らの自由な、事前説明を受けた上での同意をもって申請されたものであること。
R.5　要素は、条約第11条と第12条で定義された、締約国の領域内にある無形文化遺産の提出目録に含まれていること。

参考URL　https://ich.unesco.org/en/RL/
rumba-in-cuba-a-festive-combination-of-music-and-dances-and-all-the-practices-associated-01185

世界遺産ガイド－カリブ海地域編－

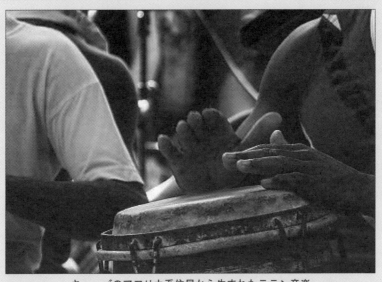

キューバのアフリカ系住民から生まれたラテン音楽
キューバン・ルンバ

カリブ海地域の世界無形文化遺産

ムーアの町のマルーン遺産

準拠	無形文化遺産の保護に関する条約(略称:無形文化遺産保護条約)
目的	グローバル化により失われつつある多様な文化を守る為、無形文化遺産尊重の意識を向上させ、その保護に関する国際協力を促進する。
登録遺産名	Maroon heritage of Moore Town

人類の無形文化遺産の代表的なリスト(略称:代表リスト)への登録年月
2008年 ← 2003年第2回傑作宣言

登録遺産国 ジャマイカ

登録遺産の概要 ムーアの町は、ジャマイカ東部のブルー・マウンテン山麓にある人口約1,000人の町。ムーアの町は、島では数少なくなったマルーンとして知られている逃亡奴隷のふるさとで、かつては、ニュー・ナニーと呼ばれていた。マルーンは、17~18世紀に、アフリカの西部、或は、中央部の先祖の地から、当時スペイン統治下にあったカリブ諸島に砂糖プランテーションなどで働く奴隷として連れて来られた。マルーンの名前はスペイン語を語源とし、1600年代初期に過酷な労働から逃れ、ジャマイカ東部のブルー・ジョンクロウ山脈に定住した逃亡奴隷の人達のことをいう。彼等は、多様な言語や文化の慣習を有するアフリカの先祖の精神的伝統を受け継ぎ、この地で、踊り、歌、太鼓を演じるクロマンティ・プレーと名付けた新しい宗教儀式を生みだした。

分類 口承及び表現(伝達手段としての言語を含む)、芸能、社会的慣習、儀式及び祭礼行事
自然及び万物に関する知識及び慣習

登録基準 「代表リスト」への登録申請にあたっては、次のR.1~R.5までの5つの基準を全て満たさなければならない。

- R.1 要素は、条約第2条で定義された無形文化遺産を構成すること。
- R.2 要素の登録は、無形文化遺産の認知と重要性の意識の向上が確保され、世界の文化の多様性を反映し、人類の創造性を示す対話が奨励されること。
- R.3 要素を保護し促進する保護措置が図られていること。
- R.4 要素は、関係するコミュニティー、集団、或は、場合によっては、個人の可能な限り幅広い参加、そして、彼らの自由な、事前説明を受けた上での同意をもって申請されたものであること。
- R.5 要素は、条約第11条と第12条で定義された、締約国の領域内にある無形文化遺産の提出目録に含まれていること。

存続の阻害要因 コミュニティの分裂、後継者不足、経済の悪化による若者や中年のマルーンの移住

参考URL https://ich.unesco.org/en/RL/maroon-heritage-of-moore-town-00053

世界遺産ガイド－カリブ海地域編－

ブルー・マウンテン山麓にあるムーアの町のマルーン遺産

カリブ海地域の世界無形文化遺産

ヴィッラ・メラのコンゴの聖霊兄弟会の文化的空間

準拠	無形文化遺産の保護に関する条約（略称：無形文化遺産保護条約）
目的	グローバル化により失われつつある多様な文化を守る為、無形文化遺産尊重の意識を向上させ、その保護に関する国際協力を促進する。
登録遺産名	Cultural space of the Brotherhood of the Holy Spirit of the Congos of Villa Mella

人類の無形文化遺産の代表的なリスト（略称：代表リスト）への登録年月
2008年 ← 2001年第1回傑作宣言

登録遺産国　ドミニカ共和国

登録遺産の概要　ヴィッラ・メラのコンゴの聖霊兄弟会の文化的空間は、何千人もの人々が参加する聖霊とロザリオを祝福する伝統的儀式。儀式の間に彼等は21曲の伝統音楽を打楽器で演奏し、その儀式をより一層、荘厳なものにしている。アフリカ系カリブ人である彼等の伝統は、古くはスペインに根差しているが、植民地時代の奴隷によって取り入れられ、家族の結束は、きわめて強い。劇的な社会、文化、経済の変化が、聖霊兄弟会の遺産の保護・継承に存続の阻害要因をもたらしている。

分類　口承及び表現（伝達手段としての言語を含む）、芸能、社会的慣習、儀式及び祭礼行事 自然及び万物に関する知識及び慣習

登録基準　「代表リスト」への登録申請にあたっては、次のR.1～R.5までの5つの基準を全て満たさなければならない。

R.1　要素は、条約第2条で定義された無形文化遺産を構成すること。
R.2　要素の登録は、無形文化遺産の認知と重要性の意識の向上が確保され、世界の文化の多様性を反映し、人類の創造性を示す対話が奨励されること。
R.3　要素を保護し促進する保護措置が図られていること。
R.4　要素は、関係するコミュニティー、集団、或は、場合によっては、個人の可能な限り幅広い参加、そして、彼らの自由な、事前説明を受けた上での同意をもって申請されたものであること。
R.5　要素は、条約第11条と第12条で定義された、締約国の領域内にある無形文化遺産の提出目録に含まれていること。

存続の阻害要因　劇的な社会的、文化的、経済的な変化

参考URL　https://ich.unesco.org/en/RL/cultural-space-of-the-brotherhood-of-the-holy-spirit-of-the-congos-of-villa-mella-00006

ヴィッラ・メラのコンゴの聖霊兄弟会の文化的空間は、
聖霊とロザリオを祝福する伝統的儀式

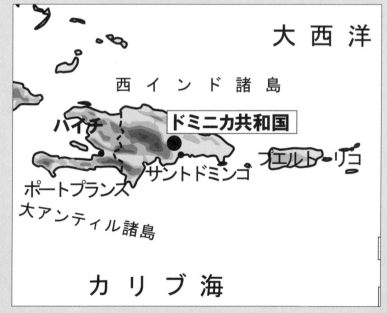

キューバ共和国

❶トゥンバ・フランセサ（La Tumba Francesa）

トゥンバ・フランセサは、活気に満ちたダンス、歌、ドラムで構成される、キューバの東部、オリエンテ地方のアフロ・ハイチの遺産に連なる最も古い無形文化遺産である。トゥンバ・フランセサは、フランスのドラムという意味で、西アフリカのコンゴとダホメの伝統的な音楽とフランスのダンスが融合したもので、1792年に蜂起したハイチの黒人奴隷によってキューバに持ち込まれ、19世紀初期に、サンティアゴやグアンタナモの都市の近くのコーヒー農園で最初に演じられた。30分の歌と踊りのシリーズで、夜遅くまで続けられる。トゥンバ・フランセサは、世紀を越えて、キューバの伝統芸能の一つに育った。
2008年 ← 2003年第2回傑作宣言

❷キューバのルンバ、祝祭の音楽、ダンス、すべての関連する慣習の結合
（Rumba in Cuba, a festive combination of music and dances and all the practices associated）
114〜115頁を参照。

❸プント（Punto）

プントは、キューバの農夫の詩と、曲、或はメロディからなるスペイン発祥の郷土音楽で、キューバ人が即興で詩をつけて歌う伝統的なキューバのカルチャーである。ユニークで同時に多様な特徴を有する各地域を通じて、キューバの国中で行われている。プント・グアヒーロ、プント・クバーノとも呼ばれる。マタンサス、ハバナ、キューバの島の中央部、ピナール・デル・リオの4つの街ではプント・クバーノが受け継がれており、キューバ国内には30000人以上の実演者がいる。そのほか、この文化的表現は、キューバゆかりの世界各地でも見られる。
2017年

❹キューバ中央部におけるラス・パランダスの祭り
（Festivity of Las Parrandas in the centre of Cuba）
キューバ中央部におけるラス・パランダスの祭りは、キューバの中央部、ビジャ・クララ州のカイバリエン、カマフアニー、プラセータスなど18の町で毎年12月24日のクリスマスイブから、翌日のクリスマスにかけて行われるお祭りで、カリブ海で最大級の伝統的な祭典である。ラス・パランダスとは「どんちゃん騒ぎ」という意味で、この祭りは、1820年に、キューバの中部、ビジャ・クララ州の町レメディオスの町で最初に開催されたことに始まる。
2018年

❺プッチプ（パラブレロ）によって行われるワユー族の規範システム
（Wayuu normative system, applied by the Pütchipü'üi (palabrero)）
プッチプ（パラブレロ）によって行われるワユー族の規範システムは、コロンビアの北部、ヴェネズエラとの国境を接するグアヒラ半島のカリブ海岸に住む先住民族のワユー族の規範システムである。その法制度は、コミュニティの社会的、精神的な行為を統治する、原則、手続き、儀礼を包含している。賠償と補償の原則に触発される体系は、地元の母系氏族間の紛争や論争を解決する専門家である地元の道徳的な当局であるプッチプ、或は、パラブレロ（雄弁家）によって適用される。
2010年

ジャマイカ

❶ムーアの町のマルーン遺産
（Maroon heritage of Moore Town）
116～117頁を参照。

❷ジャマイカのレゲエ音楽
（Reggae music of Jamaica）
ジャマイカのレゲエ音楽は、ジャマイカ島の南東部のサリー郡、主にウエスタン・キングストンの貧しいスラム街であるトレンチタウンが発祥で、カリブ、北米、ラテンなど数多くの音楽の影響を受けた混合である。「レゲエ」と言う呼称の語源には諸説あるが、「ぼろ、ぼろ布、またはロげんか、口論」という意味を表すジャマイカ英語のスラング、パトワ語で「レゲレゲ」が転じたものという説が有力である。レゲエは、狭義においては1960年代後半ジャマイカで発祥し、1980年代前半まで流行したポピュラー音楽である。広義においてはジャマイカで成立したポピュラー音楽全般のことをいう。4分の4拍子の第2・第4拍目をカッティング奏法で刻むギター、各小節の3拍目にアクセントが置かれるドラム、うねるようなベースラインを奏でるベースなどの音楽的特徴を持つ。
2018年

ドミニカ共和国

❶ヴィッラ・メラのコンゴの聖霊兄弟会の文化的空間
（Cultural space of the Brotherhood of the Holy Spirit of the Congos of Villa Mella）
118～119頁を参照。

❷ココロの舞踊劇の伝統
（Cocolo dance drama tradition）
ココロの舞踊劇の伝統は、19世紀半ばにドミニカ共和国に来たカリブの英語を話す移民労働者の間で発展した伝統芸能である。ココロという言葉は、ドミニカ共和国があるイスパニョーラ島の英国の砂糖のプランテーションで働く移民労働者を軽蔑する言葉であった。これらの移民は、彼ら自身の教会、学校、相互扶助の慈善社会と小屋を設立し、サンペドロ・デ・マコリス市で、ココロ舞踊劇の様な文化的なイベントを組織した。ココロ舞踊劇では、アフリカを起源とする音楽、舞踊、手振りが中世ヨーロッパと聖書から取った劇作、伝説、人物とが混合する。ココロの文化は、アフリカと英国の伝統が結合したドミニカ共和国の歴史の特殊性の証左でもある。ココロの舞踊劇の伝統は、他の地域にも普及したが、そのオリジナリティの保持、演技者の高齢化、若者への継承などが課題になっている。　2008年 ← 2005年第3回傑作宣言

❸ドミニカ・メレンゲの音楽・舞踊
（Music and dance of the merengue in the Dominican Republic）
ドミニカ・メレンゲの音楽・舞踊は、ドミニカ共和国が発祥のアフリカとヨーロッパの要素が融合した音楽・舞踊である。アコーディオン、ドラム、サクソフォンなどの楽器を使い、男女2人のパートナーが、2拍子が基本の速いテンポのリズムに乗ってステップを踏む。毎年6月にはサント・ドミンゴで、10月には、北部プエルトプラタでメレンゲ・フェスティバルが開催され、メレンゲの音楽に乗って、街中でダンスが繰り広げられる。
2016年

世界無形文化遺産の用語の定義

世界無形文化遺産
ユネスコの「人類の無形文化遺産の代表的なリスト」(略称：「代表リスト」)、「緊急に保護する必要がある無形文化遺産のリスト」(略称：「緊急保護リスト」)、及び、「無形文化遺産保護条約の目的に適った好ましい実践事例」(略称：「グッド・プラクティス」)に登録・選定されている世界的に認められたユネスコの無形文化遺産のことをいう。

無形文化遺産の領域

(a) 口承及び表現(伝達手段としての言語を含む。)
(b) 芸能
(c) 社会的慣習、儀式及び祭礼行事
(d) 自然及び万物に関する知識及び慣習
(e) 伝統工芸技術

緊急保護リスト
無形文化遺産委員会は、適当な保護のための措置をとるため、「緊急に保護する必要がある無形文化遺産のリスト」(List of Intangible Cultural Heritage in Need of Urgent Safeguarding)のことである。
緊急保護リストへの登録は、2019年3月現在、59件(32か国)

代表リスト
無形文化遺産委員会は、無形文化遺産の一層の認知及びその重要性についての意識の向上を確保するため並びに文化の多様性を尊重する対話を奨励するため、関係する締約国の提案に基づき、「人類の無形文化遺産の代表的なリスト」(Representative List of the Intangible Cultural Heritage of Humanity)のことである。代表リストへの登録は、2019年3月現在、429件(117か国)

「代表リスト」への登録申請にあたっては、次のR.1～R.5までの5つの登録基準を全て満たさなければならない。
R.1 要素は、無形文化遺産保護条約第2条で定義された無形文化遺産を構成すること。
R.2 要素の登録は、無形文化遺産の認知と重要性の意識の向上が確保され、世界の文化の多様性を反映し、人類の創造性を示す対話が奨励されること。
R.3 要素を保護し促進する保護措置が図られていること。
R.4 要素は、関係するコミュニティー、集団、或は、場合によっては、個人の可能な限り幅広い参加、そして、彼らの自由な、事前説明を受けた上での同意をもって申請されたものであること。
R.5 要素は、無形文化遺産保護条約第11条と第12条で定義された、締約国の領域内にある無形文化遺産の提出目録(インベントリー)に含まれていること。

グッド・プラクティス(好ましい実践事例)
無形文化遺産を保護する為の国家的、小地域的及び地域的な計画、事業及び活動であって、ユネスコの無形文化遺産保護条約の原則及び目的を最も反映する無形文化保護のための好ましい計画、事業及び活動の実践事例
グッド・プラクティスへの選定は、2019年3月現在、20件(16か国)

世界無形文化遺産　キーワード

http://www.unesco.org/culture/ich/index

- 無形遺産　Intangible Heritage
- 保護　Safeguarding
- 人類、人間　Humanity
- 口承による伝統及び表現　Oral traditions and expressions
- 芸能　Performing arts
- 社会的慣習、儀式及び祭礼行事　Social practices, rituals and festive events
- 自然及び万物に関する知識及び慣習　Knowledge and practices concerning nature and the universe
- 伝統工芸技術　Traditional craftsmanship
- 条約　Convention
- 締約国　State Party
- 事務局　Secretariat
- 運用指示書　Operational Directives
- エンブレム　Emblem
- 倫理原則　Ethical principles
- 登録申請書類の書式　Nomination forms
- 多国間の登録申請　Multi-national nomination
- 定期報告　Periodic reporting
- 総会　General Assembly
- 政府間委員会　Intergovernmental Committee（IGC）
- 認定された非政府組織　Accredited NGO
- 評価　Evaluation
- 非政府組織、機関、専門家　NGO, institutions and experts
- 無形文化遺産　Intangible Cultural Heritage
- 無形遺産リスト　Intangible Heritage Lists
- 緊急保護リスト　Urgent Safeguarding List（USL）
- 代表リスト　Representative List（RL）
- 登録基準　Criteria for inscription
- 文化の多様性　Cultural Diversity
- グッド・プラクティス（好ましい保護の実践事例）　Good Safeguarding Practices
- 選定基準　Criteria for selection
- 啓発　Raising awareness
- 能力形成　Capacity building
- 地域社会　Community
- ファシリテーター（中立的立場での促進者・世話人）　Facilitator
- 国際援助　International Assistance
- 適格性　Eligibility
- 資金提供者とパートナー　Donors and partners
- （役立つ情報）資源　Resources
- 持続可能な発展　Sustainable Development

カリブ海地域の世界記憶遺産

革命広場(キューバ・ハバナ)

ホセ・マルティ記念博物館の最上階の展望台から見た革命広場
内務省の壁にあるゲバラの肖像(左側)と情報通信省のカミーロの肖像(右側)

写真:古田陽久

バハマ国
The Commonwealth of the Bahamas
首都　ナッソー　主要言語　英語
「世界の記憶」の数　2　（世界遺産の数　0　世界無形文化遺産の数　0）

1 英国カリブ領の奴隷の登記簿1817〜1834年
（Registry of Slaves of the British Caribbean 1817-1834）
2009年登録
英国／バハマ／ベリーズ／ドミニカ／ジャマイカ／セント・キッツ／トリニダード・トバゴ
<所蔵機関>アーカイヴス部（ナッソー）

2 ファークハーソン＊の日誌（Farquharson's Journal）
2009年登録　＊チャールズ・ファークハーソン　大農園主（プロスペクト・ヒル・プランテーション所有者）
<所蔵機関>バハマ国立公文書館（ナッソー）

キューバ共和国
Republic of Cuba
首都　ハバナ　主要言語　スペイン語
「世界の記憶」の数　3　（世界遺産の数　9　世界無形文化遺産の数　1）

1 『ホセ・マルティ・ペレス＊』の記録史料（"José Martí Pérez" Fonds）
2005年登録　＊1853〜1895年　キューバの文学者、革命家
<所蔵機関>マルティ研究センター（ハバナ）

2 キューバ映画芸術産業庁のラテン・アメリカのオリジナル・ネガ
（Original Negative of the Noticiero ICAIC Lationamericano）
2009年登録
<所蔵機関>キューバ映画芸術産業庁（ICAIC）（ハバナ）

3 ボリヴィアでのチェ・ゲバラ＊の日記
（Documentary Collection "Life and Works of Ernesto Che Guevara: from the originals manuscripts of its adolescence and youth to the campaign Diary in Bolivia"）
2013年登録　＊1928〜1967年　キューバ革命の指導者
ボリヴィア／キューバ
<所蔵機関>チェ・ゲバラ研究センター（ハバナ）

ジャマイカ
Jamaica
首都　キングストン　主要言語　英語、英語系パトゥア語
「世界の記憶」の数　3　（世界遺産の数　1　世界無形文化遺産の数　1）

1 英国カリブ領の奴隷の登記簿1817〜1834年
（Registry of Slaves of the British Caribbean 1817-1834）
2009年登録
英国／バハマ／ベリーズ／ドミニカ／ジャマイカ／セント・キッツ／トリニダード・トバゴ
<所蔵機関>アーカイヴス・ユニット（ミドルセックス郡セント・キャサリン教区）

2 シルバー・メン：パナマ運河における西インド諸島労働者の記録
（Silver Men : West Indian Labourers at the Panama Canal）
2011年登録
英国／バルバドス／ジャマイカ／パナマ／セントルシア／アメリカ合衆国
<所蔵機関>ジャマイカ・アーカイヴス・記録部（セント・キャサリン教区）

3 西インド委員会コレクション（The West India Committee collection）　*New*
2016年登録
アンティグア・バーブーダ／ジャマイカ／英国／アンギラ／モンセラット
<所蔵機関>西インド委員会（ロンドン）

世界遺産ガイド―カリブ海地域編―

ハイチ共和国
Republic of Haiti
首都　ポルトープランス　主要言語　フランス語、クレオール語
「世界の記憶」の数　1　（世界遺産の数　1　世界無形文化遺産の数　0）

①オデッテ・ムネソン・リゴー・ホールディングス　*New*
（Odette Mennesson Rigaud holdings）
2017年登録
＜所蔵機関＞聖霊の父ハイチ図書館（ポルトープランス）

ドミニカ共和国
Dominican Republic
首都　サントドミンゴ　主要言語　スペイン語
「世界の記憶」の数　2　（世界遺産の数　1　世界無形文化遺産の数　3）

①奴隷の洗礼に関する本（1636〜1670年）　（Book for the Baptism of Slaves（1636-1670））
2009年登録
＜所蔵機関＞サントドミンゴ大司教管区歴史アーカイヴス（サントドミンゴ）

②ドミニカ共和国における人権の抵抗と闘争に関する記録遺産（1930〜1961年）
（Documentary Heritage on the Resistance and Struggle for Human Rights in the Dominican Republic (1930-1961)）　2009年登録
＜所蔵機関＞ドミニカ共和国政府ラレシステンシアデ博物館記念ドミニカーナ（サントドミンゴ）

アンギラ
Anguilla
首都　バレー　主要言語　英語（公用語）
「世界の記憶」の数　1　（世界遺産の数　0　世界無形文化遺産の数　0）

①西インド委員会コレクション　（The West India Committee collection）　*New*
2016年登録
アンティグア・バーブーダ／ジャマイカ／英国／アンギラ／モンセラット
＜所蔵機関＞西インド委員会（ロンドン）

シンクタンクせとうち総合研究機構

世界遺産ガイド—カリブ海地域編—

アンティグア・バーブーダ
Antigua and Barbuda
首都　セントジョンズ　主要言語　英語（公用語）、アンティグア・クレオール語
「世界の記憶」の数　1　　（世界遺産の数　1　世界無形文化遺産の数　0）

1 西インド委員会コレクション（The West India Committee collection）　*New*
2016年登録
アンティグア・バーブーダ／ジャマイカ／英国／アンギラ／モンセラット
＜所蔵機関＞西インド委員会（ロンドン）

モンセラット　Montserrat
首都　ブレイズ（臨時首都）リトルベイ（新首都・建設中）　主要言語　英語
「世界の記憶」の数　1　　（世界遺産の数　0　世界無形文化遺産の数　0）

1 西インド委員会コレクション（The West India Committee collection）　*New*
2016年登録
アンティグア・バーブーダ／ジャマイカ／英国／アンギラ／モンセラット
＜所蔵機関＞西インド委員会（ロンドン）

セントクリストファー・ネービス　Saint Christopher and Nevis
首都　バセテール　主要言語　英語
「世界の記憶」の数　1　　（世界遺産の数　1　世界無形文化遺産の数　0）

1 英国カリブ領の奴隷の登記簿1817〜1834年（Registry of Slaves of the British Caribbean 1817-1834）
2009年登録
英国／バハマ／ベリーズ／ドミニカ／ジャマイカ／セント・キッツ／トリニダード・トバゴ
＜所蔵機関＞セントキッツ・ネイヴィース国立公文書館（バセテール）

ドミニカ国
Commonwealth of Dominica
首都　ロゾー　主要言語　スペイン語
「世界の記憶」の数　1　　（世界遺産の数　1　世界無形文化遺産の数　0）

1 英国カリブ領の奴隷の登記簿1817〜1834年（Registry of Slaves of the British Caribbean 1817-1834）
2009年登録
英国／バハマ／ベリーズ／ドミニカ／ジャマイカ／セント・キッツ／トリニダード・トバゴ
＜所蔵機関＞ドミニカ国記録センター（ロゾー）

セント・ルシア
Saint Lucia
首都　カストリーズ　主要言語　英語
「世界の記憶」の数　2　　（世界遺産の数　1　世界無形文化遺産の数　0）

1 ウイリアム・アーサー・ルイス卿＊の文書（Sir William Arthur Lewis Papers）
2009年登録　＊1915〜1991年　ノーベル記念経済学スウェーデン国立銀行賞を受賞
＜所蔵機関＞プリンストン大学シーリー・G・マッド図書館（米国／プリンストン）

2 シルバー・メン：パナマ運河での西インド諸島労働者の記録
（Silver Men : West Indian Labourers at the Panama Canal）
2011年登録
英国／バルバドス／ジャマイカ／パナマ／セントルシア／アメリカ合衆国
＜所蔵機関＞セント・ルシア国立公文書館（カストリーズ）

カリブ海地域の世界の記憶

シンクタンクせとうち総合研究機構

世界遺産ガイド―カリブ海地域編―

バルバドス
Barbados
首都　ブリッジタウン　主要言語　英語
「世界の記憶」の数　6　（世界遺産の数　1　世界無形文化遺産の数　0）

1カリブの奴隷にされた人々の記録遺産（Documentary Heritage of Enslaved Peoples of the Caribbean）
　2003年登録
　＜所蔵機関＞バルバドス博物館・歴史協会　（セント・マイケル）
2西インド連邦のアーカイヴスの記録史料（Federal Archives Fonds）
　2009年登録
　＜所蔵機関＞西インド連邦アーカイヴス・センター（ブリッジタウン）
3ニータ・バロウ＊のコレクション（Nita Barrow Collection）
　2009年登録　＊1916〜1995年　人道活動家、看護婦
　＜所蔵機関＞西インド諸島大学（ブリッジタウン）
4シルバー・メン：パナマ運河における西インド諸島の労働者の記録
　（Silver Men：West Indian Labourers at the Panama Canal）
　2011年登録
　英国／バルバドス／ジャマイカ／パナマ／セントルシア／アメリカ合衆国
　＜所蔵機関＞バルバドス博物館・歴史協会（ブリッジタウン）
5西インド委員会の報告書
　（The West Indian Commission Papers）
　2015年登録
　＜所蔵機関＞西インド諸島大学　シドニー・マーティン図書館（ケイブヒル）
6バルバドス発祥のアフリカの歌、或は、詠唱（An African Song or Chant from Barbados）　*New*
　2017年登録
　バルバドス／英国
　＜所蔵機関＞グロスターシャー・アーカイヴス（英国／グロスター）

シント・マールテン　Sint Maarten　*New*
首都　フィリップスブルフ(オランダ領)
主要言語　フランス語、英語、オランダ語、スペイン語、パピアメント語
「世界の記憶」の数　1　（世界遺産の数　0　世界無形文化遺産の数　0）

1自由への道：二重国籍のシント・マールテン／セント・マーチン島で奴隷にされたアフリカ人がいかに彼らの自由を勝ち取ったかの事例研究
　（Route/Root to Freedom: A case study of how enslaved Africans gained their freedom on the dual national island of Sint Maarten/Saint Martin）　*New*
　2017年登録
　＜所蔵機関＞シント・マールテン・アーカイヴス（フィリップスブルフ）

セント・ヴィンセント及びグレナディーン諸島　*New*
Saint Vincent and the Grenadines
首都　キングスタウン
主要言語　英語（公用語）、セントヴィンセント・クレオール語
「世界の記憶」の数　1　（世界遺産の数　0　世界無形文化遺産の数　0）

1インド系契約労働者の記録（Records of the Indian Indentured Labourers）
　2011年登録／2017年登録＊（＊2017年セントヴィンセント及びグレナディーン諸島を追加）
　フィジー／ガイアナ／スリナム／トリニダード・トバゴ／セントヴィンセント・グレナディーン

カリブ海地域の世界の記憶

シンクタンクせとうち総合研究機構

トリニダード・トバゴ共和国
Republic of Trinidad and Tobago
首都　ポート・オブ・スペイン　主要言語　英語、ヒンディー語、フランス語、スペイン語
「世界の記憶」の数　6　（世界遺産の数　0　世界無形文化遺産の数　0）

1 デレック・ウォルコット＊のコレクション（The Derek Walcott Collection）
1997年登録　＊1930年～　セントルシア出身の詩人、舞台脚本家で、ノーベル文学賞受賞者
＜所蔵機関＞ウェスト・インディア・セント・オーガスティン大学（セント・オーガスティン）

2 エリック・ウィリアムズ＊のコレクション（The Eric Williams Collection）
1999年登録　＊1911～1981年　トリニダードの父と呼ばれる政治家・初代首相で、歴史学者
＜所蔵機関＞西インド諸島大学（セント・オーガスティン）
　　　　　　トリニダード・トバゴ国立公文書館（ポート・オブ・スペイン）

3 シリル・ライオネル・ロバート・ジェームズ＊のコレクション（The C.L.R. James Collection）
2005年登録　＊1901～1989年　ジャーナリスト、教師、社会主義理論家、作家
＜所蔵機関＞ウェスト・インディア・セント・オーガスティン大学（セント・オーガスティン）

4 英国カリブ領の奴隷の登記簿1817～1834年
（Registry of Slaves of the British Caribbean 1817-1834）
2009年登録
英国／バハマ／ベリーズ／ドミニカ／ジャマイカ／セント・キッツ／トリニダード・トバゴ
＜所蔵機関＞トリニダード・トバゴ国立公文書館（ポート・オブ・スペイン）

5 コンスタンティンのコレクション（Constantine Collection）
2011年登録　＊1901～1971年　コンスタンティン・レアリーのクリケットに関する書籍など
＜所蔵機関＞トリニダード・トバゴ国立図書館（ポート・オブ・スペイン）

6 インド系契約労働者の記録（Records of the Indian Indentured Labourers）
2011年登録／2017年登録＊（＊2017年セントヴィンセント及びグレナディーン諸島を追加）
フィジー／ガイアナ／スリナム／トリニダード・トバゴ／セントヴィンセント・グレナディーン
＜所蔵機関＞トリニダード・トバゴ国立公文書館（ポート・オブ・スペイン）

キュラソー島
Curacao
首都　ウィレムスタッド　主要言語　オランダ語、パピアメント語
「世界の記憶」の数　1　（世界遺産の数　0　世界無形文化遺産の数　0）

1 ミデルブルフ貿易会社(MCC)についての記録文書
（Archive Middelburgsche Commercie Compagnie(MCC)）2011年登録
オランダ／キュラソー／スリナム
＜所蔵機関＞ゼーウス公文書館（オランダ・ゼーラント州ミデルブルフ）

オランダ領アンティル　Neitherlands Antilles
（オランダの自治領で、2地域6島が属していたが、2010年に解体された。アルバ、キュラソー島、シント・マールテンは単独の自治領となり、残る3島はオランダ本国に編入された。）
本書では、ユネスコHP掲載の分類に準拠して、登録時の自治領名をそのまま使用し、単独に掲載しました。
「世界の記憶」の数　2　（世界遺産の数　0　世界無形文化遺産の数　0）

1 パピアメント語で書かれた最初のカテキズム
（First Catechism Written in Papiamentu Language）
2009年登録
＜所蔵機関＞オランダ領アンティル国立公文書館（キュラソー）

2 オランダの西インド会社の記録文書
（Dutch West India Company（Westindische Compagnie）Archives）
2011年登録
オランダ／ブラジル／ガーナ／ガイアナ／オランダ領アンティル／スリナム／英国／
アメリカ合衆国
＜所蔵機関＞オランダ領アンティル国立公文書館（キュラソー）

世界の記憶 キーワード

- Academy ofCertified Archivists（略称ACA）　民間非営利団体有資格アーキビストアカデミー
- Accessibility アクセス可能性
- Access Management Plan アクセス管理計画
- Association of Moving Image Archivists（略称AMIA）　映像アーキビスト協会
- Association of Recorded Sound Collections（略称ARSC）　アメリカ録音収蔵協会
- Authenticity 真正性
- Bibliography 参考文献
- Catalogue 目録
- Conservation 保全
- Copyright 著作権
- Custodian of the documentary heritage 記録物の管理者
- Documentary Heritage 記録遺産
- Expert knowledge 専門知識
- Form and style 記録形態
- Integrity 完全性
- Intergovernmental Organization（略称IGO）　政府間組織
- International Advisory Committee（略称IAC）　国際諮問委員会
- International Centre for Conservation in Rome（略称ICCROM）　文化財保存修復研究国際センター
- International Center for Documentary Heritage（略称ICDH）　国際記録遺産センター
- International Council on Archives（略称ICA）　国際公文書館会議
- International Council of Museums（略称ICOM）　国際博物館会議
- International Federation of Film Archives（略称FIAF）　国際フィルム・アーカイヴ連盟
- International Federation of Library Associations and Institutions（略称IFLA）　国際図書館連盟
- International Federation for Documentation（略称FID）　国際ドキュメンテーション連盟
- International Institute for Conservation of Historic and Artistic Works（略称IIC）　文化財保存国際研究所
- International Organization 国際機関
- Legal status 法的状況
- Management Plan 管理計画
- Modern Archives Institute 近代アーカイブズ学院
- Memory of the World 世界の記憶
- National Archives and Records Administrations（略称NARA）　公文書記録管理局
- Non-Government Organisation（略称NGO）　非政府組織
- Preservation 保存
- Private Foundation 民間財団
- Provenance 起源、由来、出所
- Rarity 希少性
- Society of American Archivists アメリカアーキビスト協会
- Subject and theme 題材・テーマ
- Threat 脅威
- United Nations Educational, Scientific and Cultural Organization（略称UNESCO）　国連教育科学文化機関
- United States Code 合衆国法律集
- Unique and Irreplaceable 独自性と非代替性
- Washington National Records Center ワシントン記録保存センター
- World Digital Library(略称WDL) 世界電子図書館
- World Significance 世界的な重要性

『ホセ・マルティ・ペレス』の記録史料

準拠	メモリー・オブ・ザ・ワールド・プログラム（略称：MOW）　1992年
目的	人類の歴史的な文書や記録など、忘却してはならない貴重な記録遺産を登録し、最新のデジタル技術などで保存し、広く公開する。
登録遺産名	"José Martí Pérez" Fonds
世界記憶遺産リストへの登録年月	2005年
所在国	キューバ

登録遺産の概要　ホセ・マルティ・ペレス（1853〜1895年）は、キューバの文学者、独立運動指導者である。キューバの貧しい家に生まれたマルティは、教育家のラファエル・マリア・メンディベと出会い、多大な影響を受けた。1868年に、第一次キューバ独立戦争が始まると、独立を擁護し、多くの独立革命家達と交流を持ったため、1871年にスペインに追放された。10年ぶりにキューバに帰還した時には既にキューバでの独立戦争は鎮圧されていたが、マルティは再び独立運動を展開し国外逃亡、1880年から14年間をニューヨークで過ごすことになった。1895年に勃発した第二次キューバ独立戦争の勢いに乗り、キューバ上陸を果たし激しい戦闘を繰り返したが、1902年のキューバ独立を見ることなく42年の生涯を閉じた。マルティは、生前「私の体が消えることがあっても、私の思想は消えないだろう」と言い、その言葉の通り、彼の思想や語録は、1959年にキューバ革命を成し遂げたチェ・ゲバラやフィデル・カストロへと受け継がれ、今でもキューバ史における英雄、キューバ独立の父として広く知られている。「ホセ・マルティ・ペレスの記録史料」は、彼自身の直筆の記録や、彼に関する著作や雑誌、革命、外交にまつわる記録、伝記など、極めて貴重な芸術・歴史的遺産として重要であることから、2005年に世界記憶遺産に登録され、首都ハバナにあるマルティ研究センターに所蔵されている。

分類	文書類
選定基準	○真正性（Authenticity）、複写、模写、偽造品ではない ○独自性と非代替性（Unique and Irreplaceable） ○年代、場所、人物、題材・テーマ、形式・様式 ○希少性（Rarity） ○完全性（integrity） ○脅威（Threat） ○管理計画（Management Plan）
所蔵機関	マルティ研究センター（ハバナ） Archive of the Office for Historical Matters of the Council of State Director: Dr. Pedro Álvarez Tabío Línea No. 1009 entre 10 y 12, El Vedado, Plaza de la Revolución, La Habana, Cuba
参考URL	http://www.unesco.org/new/en/communication-and-information/memory-of-the-world/register/full-list-of-registered-heritage/registered-heritage-page-4/jose-marti-perez-fonds/

世界遺産ガイドーカリブ海地域編ー

ハバナにあるホセ・マルティ記念博物館のロビー

カリブ海地域の世界の記憶

バルバドス発祥のアフリカの歌、或は、詠唱

準拠	メモリー・オブ・ザ・ワールド・プログラム（略称：MOW）1992年
目的	人類の歴史的な文書や記録など、忘却してはならない貴重な記録遺産を登録し、最新のデジタル技術などで保存し、広く公開する。
登録遺産名	An African Song or Chant from Barbados
世界記憶遺産リストへの登録年	2017年
所在国	バルバドス／英国

登録遺産の概要 バルバドス発祥のアフリカの歌、或は、詠唱は、17世紀半ば～1824年のイギリスの植民地時代にさかのぼる奴隷音楽の記録である。この歌のメロディーと歌詞は、バルバドスの砂糖畑で歌われたアフリカ人の奴隷の労働歌の手稿である。短調で書かれているので、長調を特に使う他のバルバドス民謡とは全く似つかわしくなく、また、アフリカ音楽の特徴であるメーンボーカルとコーラスの歌詞が呼びかけと応答で呼応する掛け合いの様式である。この歌は、1770～1780年代の13年間、バルバドスの住人でバルバドス総督の秘書あったウィリアム・ディクソンによって提供された直接情報から英国人のグランビル・シャープ（1753年～1813年）によってノートに書き写された。（彼は、後に、英国の奴隷制度廃止運動の指導者の一人になった。）歌は、バルバドスの歌の記録遺産の一部を代表するもので、旧英領西インド諸島での彼らの奴隷生活の歴史的な記録である。それは、抑圧からの抵抗、それに、奴隷制度を生き抜く為のツールの一つであった。自然豊かなバルバドス島で発祥のアフリカの歌、或は、詠唱は、英国の南西部、グロスターシャー州の州都グロスターのグロスターシア・アーカイヴスに所蔵されておりバルバドスと英国との共同で、2017年に世界記憶遺産に登録された。

分類	文書、音楽
選定基準	○真正性（Authenticity）、複写、模写、偽造品ではない ○独自性と非代替性（Unique and Irreplaceable） ○年代、場所、人物、題材・テーマ、形式・様式 ○希少性（Rarity） ○完全性（integrity） ○脅威（Threat） ○管理計画（Management Plan）
所蔵機関	グロスターシャー・アーカイヴス（英国／グロスター） Clarence Row, Gloucester GL1 3DW, United Kingdom
参考URL	http://www.unesco.org/new/en/communication-and-information/memory-of-the-world/register/full-list-of-registered-heritage/registered-heritage-page-1/an-african-song-or-chant-from-barbados/

バルバドスの砂糖畑で歌われたアフリカ人の奴隷の労働歌の手稿

索 引

支倉常長の像（キューバ・ハバナ）

キューバを初めて訪れた日本人は、仙台藩主・伊達政宗の命を受けて渡欧した支倉常長。
スペインとローマを訪問するために渡欧した支倉の一行は、
1614年7月23日にハバナに到着。約2週間、過ごしたといわれている。

＜索引＞

【ア】
- 【世界遺産】アレハンドロ・デ・フンボルト国立公園……………108
- 【世界遺産】アンティグア海軍造船所と関連考古学遺跡群………108

【イ】
- 【世界の記憶】インド系契約労働者の記録………129

【ウ】
- 【世界無形文化遺産】ヴィッラ・メラのコンゴの聖霊兄弟会の文化的空間…118-119
- 【世界遺産】ヴィニャーレス渓谷……………90-91
- 【世界の記憶】ウイリアム・アーサー・ルイス卿の文書………128

【エ】
- 【世界の記憶】英国カリブ領の奴隷の登録簿 1817～1834年………126
- 【世界の記憶】エリック・ウィリアムズのコレクション………130

【オ】
- 【世界の記憶】オデッテ・ムネソン・リゴー・ホールディングス………127
- 【世界の記憶】オランダの西インド会社の記録文書
- 【世界遺産】オールド・ハバナとその要塞システム………86-87

【カ】
- 【世界遺産】カマグエイの歴史地区………109
- 【世界の記憶】カリブの奴隷にされた人々の記録遺産

【キ】
- 【世界無形文化遺産】キューバ中央部におけるラス・パランダスの祭り………120
- 【世界遺産】キューバ南東部の最初のコーヒー農園の考古学的景観………94-95
- 【世界無形文化遺産】キューバのルンパ、祝祭の音楽、ダンス、すべての関連する慣習の結合114-115

【コ】
- 【世界無形文化遺産】ココロの舞踊劇の伝統………121
- 【世界の記憶】コンスタンティンのコレクション130

【サ】
- 【世界遺産】サンティアゴ・デ・クーバのサン・ペドロ・ロカ要塞………88-89
- 【世界遺産】サント・ドミンゴの植民都市…100-101

【シ】
- 【世界遺産】シェンフェゴスの都市歴史地区………108
- 【世界遺産】シタデル、サン・スーシー、ラミエール国立歴史公園………98-99
- 【世界遺産】ジャマイカのレゲエ音楽………121
- 【世界の記憶】自由への道：二重国籍のシント・マールテン／セン………129
- 【世界の記憶】シリル・ライオネル・ロバート・ジェームズのコレクション………130
- 【世界の記憶】シルバー・メン：パナマ運河における西インド諸島労働者の記録………129

【テ】
- 【世界遺産】デセンバルコ・デル・グランマ国立公園………92-93
- 【世界の記憶】デレック・ウォルコットのコレクション………130

【ト】
- 【世界無形文化遺産】トゥンバ・フランセサ……120
- 【世界の記憶】ドミニカ共和国における人権の抵抗と闘争に関する記録遺産（1930～1961年）
- 【世界無形文化遺産】ドミニカ・メレンゲの音楽・舞踊………121
- 【世界遺産】トリニダードとインヘニオス渓谷…108
- 【世界の記憶】奴隷の洗礼に関する本（1636～1670年）
- 【世界遺産】トワ・ピトン山国立公園………104-105

【ニ】
- 【世界の記憶】西インド委員会コレクション……128
- 【世界の記憶】西インド委員会の報告書………129
- 【世界の記憶】西インド連邦のアーカイヴスの記録史料………129
- 【世界の記憶】ニータ・バロウのコレクション…129

【ハ】
- 【世界の記憶】パピアメント語で書かれた最初のカテキズム………130
- 【世界の記憶】バルバドス発祥のアフリカの歌、或は、詠唱………134-135

【ヒ】
- 【世界遺産】ピトン管理地域………109

【フ】
- 【世界の記憶】ファークハーソンの日誌………126
- 【世界無形文化遺産】プッチプ（パラブレロ）によって行われるワユー族の規範システム………120
- 【世界遺産】ブリムストンヒル要塞国立公園…102-103
- 【世界遺産】ブリッジタウンの歴史地区とその駐屯地………106-107
- 【世界遺産】ブルー・ジョン・クロウ山脈………96-97
- 【世界無形文化遺産】プント………120

【ホ】
- 【世界の記憶】『ホセ・マルティ・ペレス』の記録史料………132-133
- 【世界の記憶】ボリヴィアでのチェ・ゲバラの日記………126

【ミ】
- 【世界の記憶】ミデルブルフ貿易会社（MCC）についての記録文書………130

【ム】
- 【世界無形文化遺産】ムーアの町のマルーン遺産………116-117

世界遺産ガイド―カリブ海地域編―

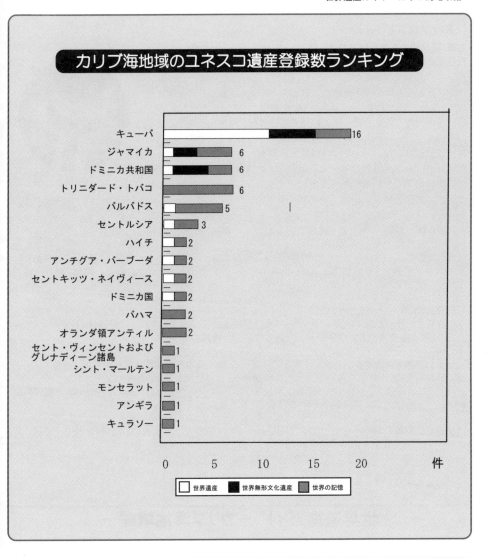

<資料・写真　提供>
UNESCO World Heritage Centre、ICOMOS、ICCROM、IUCN、Central Intelligence Agency Library (The World Factbook)、外務省(Ministry of Foreign Affairs of Japan)国・地域情報、ユネスコ・ハバナ事務所、ホセ・マルティ記念博物館、キューバ大使館、Cubanacan Group、DTACキューバ観光情報局、ジャマイカ大使館、ジャマイカ政府観光局、ドミニカ共和国大使館、トリニダード・トバゴ大使館、トリニダード・トバゴ政府観光局、バルバドス大使館、バルバドス政府観光局、セントルシア大使館、ハイチ大使館、アンティグア・バーブーダ大使館、セントクリストファー・ネービス大使館、ドミニカ国大使館、バハマ大使館、バハマ観光局、シンクタンクせとうち総合研究機構、世界遺産総合研究所、古田陽久

シンクタンクせとうち総合研究機構

〈著者プロフィール〉

古田 陽久（ふるた・はるひさ　FURUTA Haruhisa）
世界遺産総合研究所 所長

1951年広島県生まれ。1974年慶応義塾大学経済学部卒業、1990年シンクタンクせとうち総合研究機構を設立。アジアにおける世界遺産研究の先覚・先駆者の一人で、「世界遺産学」を提唱し、1998年世界遺産総合研究所を設置、所長兼務。毎年の世界遺産委員会や無形文化遺産委員会などにオブザーバー・ステータスで参加、中国杭州市での「首届中国大運河国際高峰論壇」、クルーズ船「にっぽん丸」、三鷹国際交流協会の国際理解講座、日本各地の青年会議所（JC）での講演など、その活動を全国的、国際的に展開している。これまでにイタリア、中国、スペイン、フランス、ドイツ、インド、メキシコ、英国、ロシア連邦、アメリカ合衆国、ブラジル、オーストラリア、ギリシャ、カナダ、トルコ、ポルトガル、ポーランド、スウェーデン、ベルギー、韓国、スイス、チェコ、ペルーなど約67か国、約300の世界遺産地を訪問している。現在、広島市佐伯区在住。

【専門分野】世界遺産制度論、世界遺産論、自然遺産論、文化遺産論、危機遺産論、地域遺産論、日本の世界遺産、世界無形文化遺産、世界の記憶、世界遺産と教育、世界遺産と観光、世界遺産と地域づくり・まちづくり

【著書】「世界の記憶遺産60」（幻冬舎）、「世界遺産データ・ブック」、「世界無形文化遺産データ・ブック」、「世界の記憶データ・ブック」（世界記憶遺産データブック）、「誇れる郷土データ・ブック」、「世界遺産ガイド」シリーズ、「ふるさと」「誇れる郷土」シリーズなど多数。

【執筆】連載「世界遺産への旅」、「世界記憶遺産の旅」、日本政策金融公庫調査月報「連載『データで見るお国柄』」、「世界遺産を活用した地域振興ー『世界遺産基準』の地域づくり・まちづくりー」（月刊「地方議会人」）、中日新聞・東京新聞サンデー版「大図解危機遺産」、「現代用語の基礎知識2009」（自由国民社）世の中ペディア「世界遺産」など多数。

【テレビ出演歴】TBSテレビ「あさチャン！」、「ひるおび」、「NEWS23」、テレビ朝日「モーニングバード」、「やじうまテレビ」、「ANNスーパーJチャンネル」、日本テレビ「スッキリ!!」、フジテレビ「めざましテレビ」、「スーパーニュース」、「とくダネ!」、NHK福岡「ロクいち！」など多数。

【ホームページ】「世界遺産と総合学習の杜」 http://www.wheritage.net/

世界遺産ガイド　ーカリブ海地域編ー

2019年（令和元年）6月10日　初版　第1刷

著　者　　古田　陽久
企画・編集　世界遺産総合研究所
発　行　　シンクタンクせとうち総合研究機構 ©
　　　　　〒731-5113　広島市佐伯区美鈴が丘緑三丁目4番3号
　　　　　TEL&FAX　082-926-2306
　　　　　電子メール　wheritage@tiara.ocn.ne.jp
　　　　　インターネット　http://www.wheritage.net
　　　　　出版社コード　86200

©本書の内容を複写、複製、引用、転載される場合には、必ず発行元に、事前にご連絡下さい。

Complied and Printed in Japan, 2019　　ISBN978-4-86200-226-6 C1526 Y2600E

世界遺産ガイド−カリブ海地域編−

発行図書のご案内

世界遺産シリーズ

世界遺産データ・ブック 2019年版 【新刊】	978-4-86200-218-1 本体2600円 2018年8月発行予定 最新のユネスコ世界遺産1092物件の全物件名と登録基準、位置を掲載。ユネスコ世界遺産の概要も充実。世界遺産学習の上での必携の書。
世界遺産事典-1092全物件プロフィール- 【新刊】2019改訂版	978-4-86200-219-8 本体2778円 2018年8月発行予定 世界遺産1092物件の全物件プロフィールを収録。 2019改訂版
世界遺産キーワード事典 2009改訂版	978-4-86200-133-7 本体2000円 2008年9月発行 世界遺産に関連する用語の紹介と解説
世界遺産マップス −地図で見るユネスコの世界遺産− 2017改訂版	978-4-86200-206-8 本体2500円 2016年12月発行 世界遺産1052物件の位置を地域別・国別に整理
世界遺産ガイド-世界遺産条約採択40周年特集-	978-4-86200-172-6 本体2381円 2012年11月発行 世界遺産の40年の歴史を特集し、持続可能な発展を考える。
世界遺産フォトス −写真で見るユネスコの世界遺産− 第2集-多様な世界遺産- 第3集-海外と日本の至宝100の記憶- 世界遺産の多様性を写真資料で学ぶ。	4-916208-22-6 本体1905円 1999年8月発行 4-916208-50-1 本体2000円 2002年1月発行 978-4-86200-148-1 本体2381円 2010年1月発行
世界遺産入門−平和と安全な社会の構築−	978-4-86200-191-7 本体2500円 2015年5月発行 世界遺産を通じて「平和」と「安全」な社会の大切さを学ぶ
世界遺産学入門−もっと知りたい世界遺産−	4-916208-52-8 本体2000円 2002年2月発行 新しい学問としての「世界遺産学」の入門書
世界遺産学のすすめ−世界遺産が地域を拓く−	4-86200-100-9 本体2000円 2005年4月発行 普遍的価値を顕す世界遺産が、閉塞した地域を拓く
世界遺産概論＜上巻＞＜下巻＞ 世界遺産の基礎的事項をわかりやすく解説	上巻 978-4-86200-116-0 2007年1月発行 下巻 978-4-86200-117-7 本体 各2000円
世界遺産ガイド−ユネスコ遺産の基礎知識−	978-4-86200-184-9 本体2500円 2014年3月発行 混同するユネスコ三大遺産の違いを明らかにする
世界遺産ガイド−世界遺産条約編−	4-916208-34-X 本体2000円 2000年7月発行 世界遺産条約を特集し、条約の趣旨や目的などポイントを解説
世界遺産ガイド −世界遺産条約とオペレーショナル・ガイドラインズ編−	978-4-86200-128-3 本体2000円 2007年12月発行 世界遺産条約とその履行の為の作業指針について特集する
世界遺産ガイド-世界遺産の基礎知識編- 2009改訂版	978-4-86200-132-0 本体2000円 2008年10月発行 世界遺産の基礎知識をQ&A形式で解説
世界遺産ガイド-図表で見るユネスコの世界遺産編-	4-916208-89-7 本体2000円 2004年12月発行 世界遺産をあらゆる角度からグラフ、図表、地図などで読む
世界遺産ガイド-情報所在源編-	4-916208-84-6 本体2000円 2004年1月発行 世界遺産に関する情報所在源を各国別、物件別に整理
世界遺産ガイド−自然遺産編− 2016改訂版	978-4-86200-198-6 本体2500円 2016年3月発行 ユネスコ自然遺産の全容を紹介
世界遺産ガイド−文化遺産編− 2016改訂版	978-4-86200-175-7 本体2500円 2016年3月発行 ユネスコ文化遺産の全容を紹介
世界遺産ガイド−文化遺産編− 1. 遺跡 2. 建造物 3. モニュメント 4. 文化的景観	4-916208-32-3 本体2000円 2000年8月発行 4-916208-33-1 本体2000円 2000年9月発行 4-916208-35-8 本体2000円 2000年10月発行 4-916208-53-6 本体2000円 2002年1月発行
世界遺産ガイド−複合遺産編− 2016改訂版	978-4-86200-200-6 本体2500円 2016年3月発行 ユネスコ複合遺産の全容を紹介
世界遺産ガイド−危機遺産編− 2016改訂版	978-4-86200-197-9 本体2500円 2015年12月発行 危機にさらされている世界遺産を特集
世界遺産ガイド−文化の道−	978-4-86200-207-5 本体2500円 2016年12月発行 世界遺産に登録されている「文化の道」を特集
世界遺産ガイド−文化的景観編−	978-4-86200-150-4 本体2381円 2010年4月発行 文化的景観のカテゴリーに属する世界遺産を特集
世界遺産ガイド−複数国にまたがる世界遺産編−	978-4-86200-151-1 本体2381円 2010年6月発行 複数国にまたがる世界遺産を特集

シンクタンクせとうち総合研究機構

世界遺産ガイド-日本編- 2019改訂版 【新刊】	978-4-86200-220-4 本体2778円 2018年9月発行	日本にある世界遺産、暫定リストを特集
日本の世界遺産 -東日本編-	978-4-86200-130-6 本体2000円 2008年2月発行	
日本の世界遺産 -西日本編-	978-4-86200-131-3 本体2000円 2008年2月発行	
世界遺産ガイド-日本の世界遺産登録運動-	4-86200-108-4 本体2000円 2005年12月発行	暫定リスト記載物件はじめ世界遺産登録運動の動きを特集
世界遺産ガイド-世界遺産登録をめざす富士山編-	978-4-86200-153-5 本体2381円 2010年11月発行	富士山を世界遺産登録する意味と意義を考える
世界遺産ガイド-北東アジア編-	4-916208-87-0 本体2000円 2004年3月発行	北東アジアにある世界遺産を特集、国の概要も紹介
世界遺産ガイド-朝鮮半島にある世界遺産-	4-86200-102-5 本体2000円 2005年7月発行	朝鮮半島にある世界遺産、暫定リスト、無形文化遺産を特集
世界遺産ガイド-中国・韓国編-	4-916208-55-2 本体2000円 2002年3月発行	中国と韓国にある世界遺産を特集、国の概要も紹介
世界遺産ガイド-中国編- 2010改訂版	978-4-86200-139-9 本体2381円 2009年10月発行	中国にある世界遺産、暫定リストを特集
世界遺産ガイド-東南アジア編-	978-4-86200-149-8 本体2381円 2010年5月発行	東南アジアにある世界遺産、暫定リストを特集
世界遺産ガイド-ネパール・インド・スリランカ編 【新刊】	978-4-86200-221-1 本体2500円 2018年11月発行	ネパール・インド・スリランカにある世界遺産を特集
世界遺産ガイド-オーストラリア編-	4-86200-115-7 本体2000円 2006年5月発行	オーストラリアにある世界遺産を特集、国の概要も紹介
世界遺産ガイド-中央アジアと周辺諸国編-	4-916208-63-3 本体2000円 2002年8月発行	中央アジアと周辺諸国にある世界遺産を特集
世界遺産ガイド-中東編-	4-916208-30-7 本体2000円 2000年7月発行	中東にある世界遺産を特集
世界遺産ガイド-知られざるエジプト編-	978-4-86200-152-8 本体2381円 2010年6月発行	エジプトにある世界遺産、暫定リスト等を特集
世界遺産ガイド-アフリカ編-	4-916208-27-7 本体2000円 2000年3月発行	アフリカにある世界遺産を特集
世界遺産ガイド-西欧編-	4-916208-29-3 本体2000円 2000年4月発行	西欧にある世界遺産を特集
世界遺産ガイド-イタリア編-	4-86200-109-2 本体2000円 2006年1月発行	イタリアにある世界遺産、暫定リストを特集
世界遺産ガイド-スペイン・ポルトガル編-	978-4-86200-158-0 本体2381円 2011年1月発行	スペインとポルトガルにある世界遺産を特集
世界遺産ガイド-英国・アイルランド編-	978-4-86200-159-7 本体2381円 2011年4月発行	英国とアイルランドにある世界遺産等を特集
世界遺産ガイド-フランス編-	978-4-86200-160-3 本体2381円 2011年5月発行	フランスにある世界遺産、暫定リストを特集
世界遺産ガイド-ドイツ編-	4-86200-101-7 本体2000円 2005年6月発行	ドイツにある世界遺産、暫定リストを特集
世界遺産ガイド-ロシア編-	978-4-86200-166-5 本体2381円 2012年4月発行	ロシアにある世界遺産等を特集
世界遺産ガイド-バルト三国編- 【新刊】	4-86200-222-8 本体2500円 2018年12月発行	バルト三国にある世界遺産を特集
世界遺産ガイド-アメリカ合衆国編- 【新刊】	978-4-86200-214-3 本体2500円 2018年1月発行	アメリカ合衆国にあるユネスコ遺産等を特集
世界遺産ガイド-メキシコ編-	978-4-86200-202-0 本体2500円 2016年8月発行	メキシコにある世界遺産等を特集
世界遺産ガイド-カリブ海地域編- 【新刊】	4-86200-226-6 本体2600円 2019年5月発行	カリブ海地域にある主な世界遺産を特集
世界遺産ガイド-中米編-	4-86200-81-1 本体2000円 2004年2月発行	中米にある主な世界遺産を特集
世界遺産ガイド-南米編-	4-86200-76-5 本体2000円 2003年9月発行	南米にある主な世界遺産を特集

世界遺産ガイド－カリブ海地域編－

世界遺産ガイド－地形・地質編－	978-4-86200-185-6 本体2500円 2014年5月発行	世界自然遺産のうち、代表的な「地形・地質」を紹介
世界遺産ガイド－生態系編－	978-4-86200-186-3 本体2500円 2014年5月発行	世界自然遺産のうち、代表的な「生態系」を紹介
世界遺産ガイド－自然景観編－	4-916208-86-2 本体2000円 2004年3月発行	世界自然遺産のうち、代表的な「自然景観」を紹介
世界遺産ガイド－生物多様性編－	4-916208-83-8 本体2000円 2004年1月発行	世界自然遺産のうち、代表的な「生物多様性」を紹介
世界遺産ガイド－自然保護区編－	4-916208-73-0 本体2000円 2003年5月発行	自然遺産のうち、自然保護区のカテゴリーにあたる物件を特集
世界遺産ガイド－国立公園編－	4-916208-58-7 本体2000円 2002年5月発行	ユネスコ世界遺産のうち、代表的な国立公園を特集
世界遺産ガイド－名勝・景勝地編－	4-916208-41-2 本体2000円 2001年3月発行	ユネスコ世界遺産のうち、代表的な名勝・景勝地を特集
世界遺産ガイド－歴史都市編－	4-916208-64-1 本体2000円 2002年9月発行	ユネスコ世界遺産のうち、代表的な歴史都市を特集
世界遺産ガイド－都市・建築編－	4-916208-39-0 本体2000円 2001年2月発行	ユネスコ世界遺産のうち、代表的な都市・建築を特集
世界遺産ガイド－産業・技術編－	4-916208-40-4 本体2000円 2001年3月発行	ユネスコ世界遺産のうち、産業・技術関連遺産を特集
世界遺産ガイド－産業遺産編－保存と活用	4-86200-103-3 本体2000円 2005年4月発行	ユネスコ世界遺産のうち、各産業分野の遺産を特集
世界遺産ガイド－19世紀と20世紀の世界遺産編－	4-916208-56-0 本体2000円 2002年7月発行	激動の19世紀、20世紀を代表する世界遺産を特集
世界遺産ガイド－宗教建築物編－	4-916208-72-2 本体2000円 2003年6月発行	ユネスコ世界遺産のうち、代表的な宗教建築物を特集
世界遺産ガイド－仏教関連遺産編－ 新刊	4-86200-223-5 本体2000円 2019年2月発行	ユネスコ世界遺産のうち仏教関連遺産を特集
世界遺産ガイド－歴史的人物ゆかりの世界遺産編－	4-916208-57-9 本体2000円 2002年9月発行	歴史的人物にゆかりの深いユネスコ世界遺産を特集
世界遺産ガイド－人類の負の遺産と復興の遺産編－	978-4-86200-173-3 本体2000円 2013年2月発行	世界遺産から人類の負の遺産と復興の遺産を学ぶ
世界遺産ガイド－暫定リスト記載物件編－	978-4-86200-138-2 本体2000円 2009年5月発行	世界遺産暫定リストに記載されている物件を一覧する
世界遺産ガイド－特集 第29回世界遺産委員会ダーバン会議－	4-86200-105-X 本体2000円 2005年9月発行	2005年新登録24物件と登録拡大、危機遺産などの情報を満載
世界遺産ガイド－特集 第28回世界遺産委員会蘇州会議－	4-916208-95-1 本体2000円 2004年8月発行	2004年新登録34物件と登録拡大、危機遺産などの情報を満載

世界の文化シリーズ

世界遺産の無形版といえる「世界無形文化遺産」についての希少な書籍

世界無形文化遺産データ・ブック 新刊 2019年版	978-4-86200-224-2 本体2600円 2019年4月発行	世界無形文化遺産の仕組みや登録されているものを地域別・国別に整理。
世界無形文化遺産事典 新刊 2019年版	978-4-86200-225-9 本体2600円 2019年4月発行	世界無形文化遺産の概要を、地域別・国別・登録年順に掲載。

世界の記憶シリーズ

ユネスコのプログラム「世界の記憶」の全体像を明らかにする日本初の書籍

世界の記憶データ・ブック 新刊 2017～2018年版	978-4-86200-215-0 本体2778円 2018年1月発行	ユネスコ三大遺産事業の一つ「世界の記憶」の仕組みや427件の世界の記憶など、プログラムの全体像を明らかにする日本初のデータ・ブック。

シンクタンクせとうち総合研究機構

ふるさとシリーズ

誇れる郷土データ・ブック　**新刊** －2020東京オリンピックに向けて－2017年版	978-4-86200-209-9　本体2500円　2017年3月発行 2020年に開催される東京オリンピック・パラリンピックを見据えて、世界に通用する魅力ある日本の資源を都道府県別に整理
誇れる郷土データ・ブック －地方の創生と再生－　2015年版	978-4-86200-192-4　本体2500円　2015年5月発行 国や地域の創生や再生につながるシーズを都道府県別に整理。
誇れる郷土ガイド－日本の歴史的な町並み編－　**新刊**	978-4-86200-210-5　本体2500円　2017年8月発行 日本らしい伝統的な建造物群が残る歴史的な町並みを特集
誇れる郷土ガイド　－東日本編－	4-916208-24-2　本体1905円　1999年12月発行 東日本にある都道県の各々の特色、特性など項目別に整理
－西日本編－	4-916208-25-0　本体1905円　2000年1月発行 西日本にある府県の各々の特色、特性など項目別に整理
誇れる郷土ガイド　－北海道・東北編－	4-916208-42-0　本体2000円　2001年5月発行 北海道・東北地方の特色・魅力・データを道県別に整理
－関東編－	4-916208-48-X　本体2000円　2001年11月発行 関東地方の特色・魅力・データを道県別にコンパクトに整理
－中部編－	4-916208-61-7　本体2000円　2002年9月発行 中部地方の特色・魅力・データを道県別にコンパクトに整理
－近畿編－	4-916208-46-3　本体2000円　2001年10月発行 近畿地方の特色・魅力・データを道県別にコンパクトに整理
－中国・四国編－	4-916208-65-X　本体2000円　2002年12月発行 中国・四国地方の特色・魅力・データを道県別にコンパクトに整理
－九州・沖縄編－	4-916208-62-5　本体2000円　2002年11月発行 九州・沖縄地方の特色・魅力・データを道県別にコンパクトに整理
誇れる郷土ガイド－口承・無形遺産編－	4-916208-44-7　本体2000円　2001年6月発行 各都道府県別に、口承・無形遺産の名称を整理収録
誇れる郷土ガイド－全国の世界遺産登録運動の動き－	4-916208-69-2　本体2000円　2003年1月発行 暫定リスト記載物件はじめ全国の世界遺産登録運動の動きを特集
誇れる郷土ガイド－全国47都道府県の観光データ編－ 2010改訂版	978-4-86200-123-8　本体2381円　2009年12月発行 各都道府県別の観光データ等の要点を整理
誇れる郷土ガイド－全国47都道府県の誇れる景観編－	4-916208-78-1　本体2000円　2003年10月発行 わが国の美しい自然環境や文化的な景観を都道府県別に整理
誇れる郷土ガイド－全国47都道府県の国際交流・協力編－	4-916208-85-4　本体2000円　2004年4月発行 わが国の国際交流・協力の状況を都道府県別に整理
誇れる郷土ガイド－日本の国立公園編－	4-916208-94-3　本体2000円　2005年2月発行 日本にある国立公園を取り上げ、概要を紹介
誇れる郷土ガイド－自然公園法と文化財保護法－	978-4-86200-129-0　本体2000円　2008年2月発行 自然公園法と文化財保護法について紹介する
誇れる郷土ガイド－市町村合併編－	978-4-86200-118-4　本体2000円　2007年2月発行 平成の大合併により変化した市町村の姿を都道府県別に整理
日本ふるさと百科－データで見るわたしたちの郷土－	4-916208-11-0　本体1429円　1997年12月発行 事物・統計・地域戦略などのデータを各都道府県別に整理
環日本海エリア・ガイド	4-916208-31-5　本体2000円　2000年6月発行 環日本海エリアに位置する国々や日本の地方自治体を取り上げる

シンクタンクせとうち総合研究機構

事務局　〒731-5113　広島市佐伯区美鈴が丘緑三丁目4番3号

書籍のご注文専用ファックス　082-926-2306　電子メールwheritage@tiara.ocn.ne.jp